In 200 Tagen zur Dissertation

Der Diss Guide

von Silvio Gerlach

STUDEO VERLAG BERLIN

Die Deutsche Bibliothek — CIP Einheitsaufnahme

Gerlach, Silvio:

In 200 Tagen zur Dissertation - Der Diss Guide / von Silvio Gerlach. 2. Aufl.
Berlin: Studeo® Verlag, 2021

ISBN 9783936875997 Studeo® Verlag Berlin

ISBN 9783936875997

Inhalt

Vorwort 6

MEILENSTEIN 1: Ziel und Motiv sind klar! 8

Sprint 1. *Warum promovieren? – Deine Ziele* 8
Sprint 2. *Worüber promovieren? – Dein Thema* 10
Sprint 3. *Bei wem promovieren? - Doktormutter / Doktorvater* 16
Sprint 4. *Wie sieht eine Promotion aus? – Gliederung* 20
Sprint 5. *Womit promovieren?– Baumaterial – Studien und Daten* 26
Sprint 6. *Wie promovieren? - Masterplan für 200 Tage* 29
Sprint 7. *Kann und will ich wirklich promovieren? – Dein Deal* 34

MEILENSTEIN 2: Thema und Frage sind gefunden! 36

Sprint 8. *Lege die Exposé-Datei an* 36
Sprint 9. *Formuliere ein Arbeitsthema* 39
Sprint 10. *Finde Definitionen und Modelle* 47
Sprint 11. *Erstelle eine Keyword-Wolke* 53
Sprint 12. *Finde 20 – 30 Paper* 59
Sprint 13. *Erstelle die Review-Matrix* 64
Sprint 14. *Werte die Matrix aus* 69
Sprint 15. *Entwirf ein Modell* 76
Sprint 16. *Definiere Deine Forschungslücke* 84
Sprint 17. *Formuliere Forschungsfragen und Detailfragen* 86
Sprint 18. *Präsentiere Thema und Forschungsansatz* 92
Sprint 19. *Schreibe den Kontext* 94

MEILENSTEIN 3: Design und Exposé sind fertig! 99

Sprint 20. *Wähle die Datenbasis* 99
Sprint 21. *Wähle Methoden* 108
Sprint 22. *Mache eine Vorstudie* 116
Sprint 23. *Präsentiere das Forschungsdesign* 119
Sprint 24. *Erstelle die Gliederung* 124
Sprint 25. *Schreibe das Exposé* 130

MEILENSTEIN 4: Kapitel Theorie, Forschungsstand und Modell sind fertig! 134

Sprint 26. *Lege die Schreibdatei an* 134
Sprint 27. *Lerne die 5-Seiten-pro-Tag-Schreibtechnik* 136
Sprint 28. *Schreibe das Kapitel Theorie* 147
Sprint 29. *Schreibe das Kapitel Forschungsstand* 151
Sprint 30. *Schreibe das Kapitel Modell* 153

MEILENSTEIN 5: Forschungsplan ist fertig! 157

Sprint 31. *Formuliere Detailfragen und Hypothesen* 157
Sprint 32. *Entscheide über die Datenbasis* 165
Sprint 33. *Entscheide über die Methodik* 167
Sprint 34. *Entwickle die Analyse-Tools* 170
Sprint 35. *Plane die Umsetzung* 190
Sprint 36. *Präsentiere den Forschungsplan* 194
Sprint 37. *Schreibe das Kapitel Forschungsdesign / Methodik* 196

MEILENSTEIN 6: Daten sind gesammelt und analysiert! 200

Sprint 38. *Sammle Daten und bereite sie auf* 200
Sprint 39. *Analysiere die Daten* 203
Sprint 40. *Ziehe Schlüsse und vollende DEIN Modell* 210

MEILENSTEIN 7: Kapitel Ergebnisse ist fertig! 214

Sprint 41. *Erstelle den Anhang* 214
Sprint 42. *Präsentiere die Ergebnisse* 217
Sprint 43. *Schreibe das Kapitel Ergebnisse* 220

MEILENSTEIN 8: Dein Text ist fertig und gedruckt! 225
Sprint 44. *Überarbeite die Kapitel Theorie, Review, Modell, Methodik* 225
Sprint 45. *Formuliere Thesen* 227
Sprint 46. *Schreibe das Kapitel Diskussion* 230
Sprint 47. *Schreibe das Kapitel Implikationen* 234
Sprint 48. *Schreibe das Kapitel Methodenkritik* 236
Sprint 49. *Schreibe das Kapitel Forschungsbedarf* 239
Sprint 50. *Überarbeite das Kapitel Ergebnisse* 243
Sprint 51. *Schreibe das Kapitel Fazit und Ausblick* 245
Sprint 52. *Schreibe das Abstract* 250
Sprint 53. *Überarbeite die Einleitung und formuliere den finalen Titel* 252
Sprint 54. *Lasse Plagiatsanalyse, Lektorat und Korrektorat machen* 254
Sprint 55. *Formatiere, probedrucke, drucke* 258

MEILENSTEIN 9: Verteidigung geschafft! 267
Sprint 56. *Studiere das Vortrags-Template* 267
Sprint 57. *Entwirf den Vortrag, trainiere und schleife* 269
Sprint 58. *Halte den Vortrag* 272

MEILENSTEIN 10: Publiziert! Du bist Frau Dr./Herr Dr.! 274
Sprint 59. *Studiere die Publikationsvorgaben* 274
Sprint 60. *Finde einen Verlag und mach einen Deal* 276

Anhang 278

Vorwort

Nochn Ratgeber für die Diss?? Muss das sein? Es gibt doch schon Dutzende Ratgeber und dazu Hunderte von Videos. Da steht doch alles drin!
Wirklich? Warum wird dann etwa die Hälfte der Dissertationen gar nicht fertig? Und das nach so vielen Jahren des Arbeitens und Mühens? Liegt es an der Motivation? An der Betreuung? Liegt es an den mangelnden Fähigkeiten und Kompetenzen? An fehlenden Kompetenzen?

In über 15 Jahren habe ich als Thesis-Coach Tausende von Thesis Schreibenden und Hunderte Doktoranden betreut. Immer wieder habe ich erlebt, was fehlt: eine Technologie als durchdachte Vorgehensweise mit Zielen, Zwischenzielen, Methoden, Material und einem Richtpunkt: **WARUM?**
Der Diss Guide „In 200 Tagen zur Diss" liefert diese in sich geschlossene Technologie zum Schreiben eines hochwertigen wissenschaftlichen Textes als greifbares Ergebnis eines systematisch durchgeführten Forschungsprojektes. Dieses Vorgehen ist praxiserprobt in Hunderten von Diss-Projekten. Es ist pragmatisch und zielt gleichzeitig auf höchste Qualität der Ergebnisse.

So führt der Diss Guide in 200 Tagen zum Ziel:

1. **200 Tage** - in 10 Meilensteinen und 60 Sprints. Überschaubar und motivierend.
2. **WARUM?** Jeder Sprint fängt mit dieser Frage an. Die Antwort motiviert.
3. **Ständige Belohnungen!** Jeder Sprint bringt Ergebnisse und verschafft Erfolgserlebnisse, mit Hilfe von Methoden, Tools, Techniken und Beispielen. Das motiviert.

Unsere "Technologie" motiviert und bringt das Diss-Projekt voran. Alles was zu tun bleibt ist, Freude am Forschen zu haben. Dann ist alles halb so schwer.

Gutes Gelingen wünscht

Silvio Gerlach
Berlin, im Oktober 2017

MEILENSTEIN 1:
Ziel und Motiv sind klar!

MEILENSTEIN 1:
Ziel und Motiv sind klar!

Warum?	Du willst einen Anfang.
Dein Ziel?	...ist: Ja, ich bin bereit!
Dauer	88 h, 11 Tage

Sprint 1. Warum promovieren? – Deine Ziele

Warum?	Du willst ein klares Ziel und Motiv.
Dein Ziel?	...ist ein Motiv, das Dich durch das Projekt trägt. Dann kannst Du fast alles ertragen.
Dauer	15 - 20 h über 7 bis 100 Tage ☺

Wie kläre ich das Ziel und Motiv für mich?

Ich will promovieren, weil... Wie würdest Du den Satz ergänzen?

Vielleicht denkst, das ist doch klar, ich will einen Doktortitel... Das wars.

Schau Dir bitte dennoch mal die folgenden Fragen an und finde die Antworten für Dich. Schreibe sie auf. Du solltest sie immer wieder anschauen. Denn dieses Ziel motiviert Dich. Und Zweifel kommen unterwegs noch genug.

Also, warum willst Du diese Dissertation schreiben?

1. Weil Du in die Wissenschaft willst, also eine wissenschaftliche Karriere anstrebst?
2. Weil Du eine bestimmte Frage in Deinem Feld beantworten willst?
3. Weil Du Dir selbst etwas beweisen willst?

4. Weil Du Expert/in für dieses Thema werden willst?
5. Weil Du gerne unterrichtest und dafür den Titel brauchst?
6. Weil Du den Doktortitel für eine Stelle oder berufliches Vorankommen brauchst?
7. Weil Du das Thema für Deine berufliche Entwicklung nutzen willst?
8. Weil Du es jemandem "zeigen" willst?

Bestimmt gibt es noch weitere Motive...

Finde die Antworten und dann Dein Motiv. Es gibt kein richtig oder falsch! Es gibt nur: Das Motiv motiviert oder eben nicht.

Ergänze den Satz: Ich will promovieren, weil...

Das Wichtigste auf einen Blick:

1. Stelle Dir die Frage: WARUM will ich promovieren?
2. Nimm Dir Zeit für die Antwort.

Mögliche „Mini"-Sprints (Änderungen, Ergänzungen):

Dein Motiv könnte noch verfeinert werden. Aber an sich sollte es stabil sein.

Sprint 2. Worüber promovieren? – Dein Thema

Warum?	Du willst ein spannendes Thema.
Dein Ziel?	...ist ein Thema oder Objekt (= Untersuchungsgegenstand), das Dich bis zum Ende interessiert und motiviert.
Was steht danach NEU im Exposé?	Eine Liste von Fachbegriffen als Ansatz für ein Thema
Dauer	15 - 20 h über 7 Tage

Wie finde ich MEIN Objekt und MEINEN Themen-Ansatz in fünf Schritten?

Schritt 1: Mache ein Brainstorming interessanter Begriffe und Objekte

Du brauchst einen Anfang, einen Untersuchungsgegenstand oder ein Objekt. Fange mit großen Stichworten an und dann arbeite Dich vor. Nehmen wir Beispiele aus verschiedenen Fächern:

- Ebooks (Querschnitt: Psychologie, Pädagogik, Design, BWL-Marketing, Weiterbildung)
- Leseschwäche (Pädagogik)
- Nanotechnologie (Ingenieurwissenschaft)
- Digitalisierung (BWL)
- Bewältigungsstrategien (Psychologie)
- Migration (Soziologie)
- Bargeldabschaffung (VWL)
- Urbanisierung (Geografie)
- Stringtheorie (Mathematik)
- E-Governance (Politikwissenschaft)
- usw. (alles was Dich interessieren könnte)

Liste jetzt mehrere interessante Begriffe oder Objekte für DEIN Fach auf. Hier sind Beispiele:

Marketing:	Ebooks, Digitalisierung, Social Media, Influencer, Social Shopping,
Pädagogik:	Ebooks, Leseschwäche, Elearning, MOOC, Cross-Media-Learning
Psychologie:	Ebooks, Bewältigungsstrategien, Sucht, Stress, Emotionen,
Controlling:	Digitalisierung, Kennzahlensysteme
Politikwiss.:	E-Governance, Wählerwanderung, Direkte Demokratie
Ingenieurwiss.	Nanotechnologie, E-Antriebe, Big Data, Telematik,
Geschichte:	Bauernkrieg, Kalter Krieg, Einigungskriege
Soziologie:	Migration, Emigration, LOHAS,
Geografie:	Urbanisierung, Gleichgewichte, Erosion
Architektur:	Bruno Taut, Shopping Malls, Großbauten, Waldsiedlung

Natürlich wird Deine Liste nur Begriffe aus einem Fach enthalten. Nehmen wir eine Liste für Ebooks:

- Inhalte
- Formate
- Verwertungsrechte
- Multimedia
- Datenschutz
- Autoren
- Lesegewohnheiten

- Didaktik
- Vertriebskanäle
- Vermarktung
- Preise

Und hier noch für die Wirtschaft das Thema Digitalisierung:

- IT-Systeme
- Datenbanken
- Big-Data-Technologien
- Datenschutz
- Prozesse
- Projekte
- Risiken
- Erfolgsfaktoren und Treiber
- Best practices
- Effizienz

Welche Quellen nutzen als Anregungen bei der Begriffssuche/Objektsuche?

- Inhaltsverzeichnis von Grundlagenlehrbüchern und Fachbüchern
- Abbildungen, Grafiken, Übersichten zum Themenbereich
- Fachartikel, Titel, Abstract
- Fachforen
- Gespräche mit Experten
- Fachzeitungen

Welche Fragen helfen bei der Suche?

- Was wollte ich schon immer wissen?
- Was hat mich in letzter Zeit gewundert oder fasziniert?
- Womit beschäftige ich mich gerade, mit welchen größeren Fragen?
- Welches Thema ist für meine Zukunft interessant?
- Was ist in meinem Fachgebiet aktuell und relevant, welche Probleme und Trends in der Branche?
- Welche Kapitel im Lehrbuch interessieren mich?
- Welche interessanten Artikel habe ich in der letzten Zeit gelesen?

Schritt 2: Kürze die Liste

Die folgenden 5 KO-Kriterien kürzen Deine Liste von Begriffen sehr fix. Ein Begriff fliegt besser raus, wenn eines der folgenden Kriterien zutrifft:

1. Irrelevant,
2. Ausgelutscht,
3. Nicht interessant (für Dich!!! das ist völlig legitim, es ist DEIN Projekt).
4. Vollkommen unerforscht,
5. Datenzugang nur für Insider (muss man aber schauen).

Sortiere die übrig gebliebenen Begriffe mit diesen Fragen:

- Welche Begriffe interessieren mich am meisten?
- Womit könnte ich mich länger beschäftigen?
- Was könnte mir für die Zukunft nützen?
- Zu welchen Stichworten gibt es viele Quellen?
- Was würde dem Betreuer gefallen?
- Zu welchen Stichworten weiß ich schon etwas?

Finde Deine 2 bis 3 Favoriten. Vertraue ruhig erstmal Deiner Intuition. Mehr als 3 Begriffe machen nur mehr Arbeit...

Schritt 3: Finde Definitionen und Modelle für die Begriffe

Eine Definition führt einen Begriff immer auf einen Oberbegriff zurück. Es gilt: Begriff, Begreifen, in den Griff bekommen.
Suche Definitionen für Deine Favoriten in wissenschaftlichen Quellen wie Büchern und Artikeln. Fange gerne mit Online-Quellen oder Wikipedia an, nutze aber für die endgültigen Definitionen ausschließlich Fachbücher und Studien.
Wenn Du klare, eindeutige und anerkannte Definitionen für einen Begriff findest, dann kannst Du mit diesem Begriff weiterarbeiten und darauf Deine Diss aufbauen. Wenn nicht, dann könnte es trotzdem ein guter Ansatz sein, aber nur, wenn Du Dich dafür wirklich sehr interessierst und bereit bist, viel zu arbeiten. Ansonsten suche besser andere, schon definierte Begriffe.

Tipp für die Modell-Suche mit Google:
Begriff + Modell in Google eingeben und dann die Bilder anschauen, auf Deutsch und Englisch.

Beispiel-Eingabe: Ebook Modell. In den Bildern finden sich Modelle aus verschiedensten Quellen. Schau, wie tiefgehend sie sind.

Noch ein Beispiel: Digitalisierung Modell

Schritt 4: Recherchiere wissenschaftliche Artikel

Suche nach aktuellen Studien (Papers) zu den Begriffen (maximal 3 Jahre alt), in scholar.google.com oder anderen wissenschaftlichen Suchkatalogen. Wirst Du nicht fündig, dann prüfe, ob der Begriff überhaupt in Frage kommt.

Diese Fragen zur Recherche musst Du mit JA beantworten. Dann kannst Du mit dem Begriff weiterarbeiten:

- Gibt es in den Katalogen viele Artikel zum Begriff und zu verwandten Begriffen? Viele Artikel deuten auf viele offene Fragen hin.
- Finde ich mindestens 5 aktuelle relevante wissenschaftliche Artikel zum Begriff?
- Finde ich in Studien oder Fachbüchern mindestens 1 bis 3 relevante Modelle mit dem Begriff?

Ist das Thema machbar? Ja, wenn Du diese Fragen mit JA beantworten kannst:

- Ich kann die Modelle zum Begriff nachvollziehen, wenn ich mich damit beschäftige.
- Ich kann Zugang zu notwendigen Datenquellen und damit Daten bekommen.
- Ich kann die Methoden in den Griff bekommen.

Schritt 5: Entscheide Dich für einen Begriff und damit ein Objekt

Arbeite nur mit dem einen Begriff weiter wie Bewältigungsstrategien oder Digitalisierung im Human Resources Management. Einen zweiten Begriff kannst Du als Plan B vorhalten.

Wiederhole die Schritte 1 bis 4, bis Du bei Deinem Begriff ein gutes Gefühl hast.

Weitere Fragen und Antworten

Was mache ich, wenn ich einfach nichts finde?

Was heißt nichts? Nichts Relevantes oder Interessantes oder Machbares?
Dann prüfe, ob der Themenbereich wirklich Deine Domäne ist. Falls nicht, dann wähle einen anderen, angrenzenden Bereich.

Wer kann mir legal helfen? Was für Abkürzungen kann ich legal nutzen?

- Betreuer könnten helfen (es ist noch zu früh, sie direkt anzusprechen. ABER: ihre Publikationen können Orientierung geben).
- Kommilitonen, die auch promovieren, könnten helfen (als SparringspartnerIn).
- Eine Autorin, die in Deinem Bereich schreibt, kann helfen (Du findest alles von ihr im Internet).
- Ein Diss-Coach kann helfen (siehe www.studeo.de).

Mit welchen Suchmaschinen sollte ich suchen?

Die Bildersuche von Google hilft bei der Suche nach Modellen.
Suche mit wissenschaftlichen Suchkatalogen wie scholar.google.com nach Artikeln. Aber Deine ersten Begriffe musst Du dafür schon kennen.

Wie weit muss das Thema auf den Betreuer Rücksicht nehmen?

Der Themenbereich der Dissertation muss den Betreuer auf jeden Fall interessieren, sonst stehen die Chancen schlecht. Beim konkreten Thema gibt es meist Spielraum. Niemand deckt alle Bereiche eines Themengebietes ab.

Das Wichtigste auf einen Blick:

1. Stelle Dir die Frage: WORÜBER will ich promovieren?
2. Finde ein Thema/Objekt, das Dich wirklich interessiert und motiviert.

Tipp: Gratis-Online-Tool für die Themenfindung

Mache den **Themen-Trip**

Finde den passenden Analyse-Typ für Dein Thema und formuliere dazu gleich Leitfrage, Ziel und Aufgabenstellung der Arbeit

Aristolo.com

Mögliche „Mini"-Sprints (Änderungen, Ergänzungen):

Dein Thema steht noch nicht fest. Arbeite die nächsten Schritte daran.

Sprint 3. Bei wem promovieren? - Doktormutter/Doktorvater

Warum?	Du willst die passenden Betreuer.
Dein Ziel?	...ist eine Liste von Betreuern, deren Fokus und Erwartungen.
Was steht danach NEU im Exposé?	Eine Liste potenzieller Betreuer
Dauer	15 - 20 h über 7 Tage

Wie finde ich einen Doktorvater oder eine Doktormutter?

In der Regel hat ein Doktorand einen Doktorvater oder eine Doktormutter. Allerdings ist das rechtlich gar nicht nötig. Es reicht eigentlich, einen Text mit neuen Erkenntnissen als Ergebnis eines wissenschaftlichen Forschungsprojekts bei einer Institution mit Promotionsrecht einzureichen. Du kannst es so wie Albert Einstein machen: einfach ein paar Artikel oder Papers schreiben, einreichen und dann um Promotion bitten.
Aber schauen wir uns den normalen Weg an. Dieser ist für eine externe Promotion relevant bzw. für die Suche nach einer Doktorandenstelle.
Das Ziel ist, einen Professor oder eine Professorin an einer Hochschule als Betreuer/in für eine (externe) Dissertation zu gewinnen.

Welche formalen und persönlichen Voraussetzungen muss ich für die Dissertation erfüllen?

Die formale Voraussetzung ist ein Uni-Abschluss mit mindestens Note 2,3.
Ausnahmen bestätigen die Regel...

Persönliche Voraussetzungen sind:

- Du bist bereit, Zeit und Energie aufzuwenden.
- Du bist bereit, Deine Methodenkompetenz zu stärken.

Was sind die Hürden bei der Suche nach dem Doktorvater oder der Doktormutter?

Professor/innen haben wenig Zeit.
Sie brauchen gute Gründe, externe Doktoranden zu betreuen. Die meisten Betreuer haben schon schlechte Erfahrungen gemacht. Die Euphorie am Anfang des Projekts verfliegt rasch. Viele Arbeiten ziehen sich lange hin und etwa die Hälfte werden gar nicht fertig. Das möchte kein Betreuer.
Daher bevorzugen sie in der Regel interne Doktoranden.

Die fünf Wege zu Doktorvater oder Doktormutter
Es gibt folgende fünf Wege zu einem Doktorvater oder einer Doktormutter für eine externe Promotion:

Weg 1	**Wähle den Betreuer der Masterarbeit.** Das ist der beste Weg. Das Vertrauen ist bereits da.
Weg 2	**Gewinne einen Kollegen Deines Betreuers der Masterarbeit** Ein sehr guter Ansatz, der sicher funktioniert, wenn Du Deine Hausaufgaben machst.
Weg 3	**Gewinne einen bekannten Professor Deines Mentors/Chefs/Freundes** ABER: es kann nur der Einstieg sein, DU musst den potenziellen Betreuer SELBST überzeugen. Die Betreuung einer Promotion ist KEIN Freundschaftsdienst.

Weg 4	**Ansprache DES/DER Experten/in in Deinem Fach** Schwierig, aber eine schöne Herausforderung. Du musst den Experten nur davon überzeugen, dass Du was Besonderes liefern kannst.
Weg 5	**Kalte Ansprache (wenig empfehlenswert)** Das ist aber manchmal der einzige Weg. Erstelle ein attraktives Kurzexposé und „verkaufe" Dein Vorhaben. Die Chancen stehen gut, wenn Du was Interessantes bietest und hartnäckig bleibst.

Die vier Killer-Argumente für potenzielle Betreuer Deiner Diss:

Killer-Argument 1: Ich habe tolle Daten oder Zugang über Kontakte.

- In meiner Firma oder Branche gibt es besondere Daten.
- Ich kann solche Daten erheben, im Unternehmen, bei Kunden etc.
- Ich kann Leute befragen, an die sonst kaum jemand rankommt.
- Ich arbeite täglich mit Leuten zusammen, die relevant sind oder über die ich exklusive Interviewpartner gewinnen kann.

Killer-Argument 2: Ich habe inhaltlich bereits Erfahrung.

- Ich habe schon Texte zum Thema veröffentlicht.
- Ich bin zertifiziert im Bereich A.
- Ich halte Vorträge zu Themenbereich X.

Killer-Argument 3: Ich bin methodisch fit.

- Ich kenne die Methoden im Themenbereich.
- Ich kenne die Methodik der wichtigsten Studien und komme damit zurecht.

Killer-Argument 4: Ich brauche wenig Betreuung.

- Ich bin strukturiertes und selbständiges Arbeiten gewohnt.
- Ich bereite Unterlagen so vor, dass mein Adressat wenig Arbeit damit hat.
- Ich habe schon eine präzise Vorstellung von dem Projekt.
- Ich habe schon den Forschungsstand erhoben.
- Ich kenne mich mit den Standards des wissenschaftlichen Arbeitens aus.

Vorgehen bei der Suche nach dem Doktorvater oder der Doktormutter

1. Themenbereich festlegen
2. Recherche potenzieller Betreuer über Webseiten der Lehrstühle
3. Themen-Schwerpunkte von Kandidaten recherchieren
4. Forschungsprojekt skizzieren mit Forschungsfrage, Dateninput und Arbeitsthema. Das Ergebnis ist ein Kurzexposé
5. Termin vereinbaren, am besten über Kontaktperson
6. Kurzexposé oder Skizze präsentieren und schauen, wie man zusammenkommen kann

Das Wichtigste auf einen Blick:

1. Suche sorgfältig nach Betreuern!
2. Bereite Dich sehr gründlich vor. Du musst wissen, was Du willst.

Mögliche „Mini"-Sprints (Änderungen, Ergänzungen):

Die/den Betreuer/in wechseln ist nur im absoluten Notfall ratsam.

Sprint 4. Wie sieht eine Promotion aus? – Gliederung

Warum?	Du willst wissen, was Du liefern sollst.
Dein Ziel?	...ist eine Mustergliederung für Deine Diss.
Was steht danach NEU im Exposé?	Ein Entwurf der Gliederung
Dauer	4 - 6 h

Wie sieht die Dissertation letztlich aus?

Mache es Dir so leicht wie möglich und schau Dir das Grundmodell eines wissenschaftlichen Textes an. Dein Ziel ist solch ein Text.

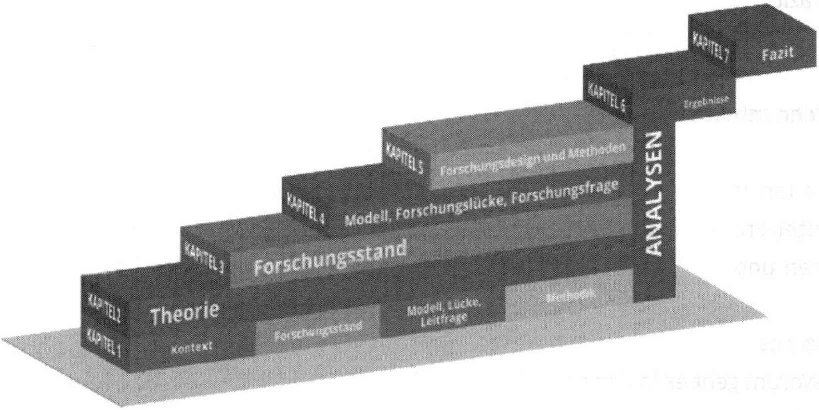

Die Muster-Gliederung für die Dissertation hat die folgenden Kapitel, egal wie das Thema lautet, egal in welchem Forschungsgebiet die Arbeit geschrieben wird. Das Muster der Gliederung einer Dissertation ist auf der Meta-Ebene immer gleich.

Das sind die Kapitel der Mustergliederung für die Dissertation:

Abstract

1. Einleitung – Hinleitung zur Leitfrage
2. Theorien und Modelle
3. Aktueller Forschungsstand
4. Modell-Entwurf, Forschungslücke, Forschungsfrage
5. Detailfragen und Hypothesen
6. Forschungsdesign
   - Daten, Datenträger (Sample oder Stichprobe)
   - Methodik der Datenerhebung
   - Methodik der Datenauswertung
   - Ablaufplan für Erhebung und Auswertung der Daten
7. Ergebnisse
8. Interpretation und Diskussion (Dein finales Modell)
9. Methodenkritik
10. Forschungsbedarf
11. Fazit

Thesen

Welche Inhalte stehen in den Kapiteln?

Schauen wir, was in den einzelnen Kapiteln steht. Die Formulierung von Kapitel-Fragen hilft Dir, Klarheit zu gewinnen. Du musst jeweils nur diese Fragen und noch ein paar detailliertere Fragen beantworten und Du bist durch.

Abstract

- Worum geht es in der Arbeit?
- Wie wurde vorgegangen?
- Was wurde erreicht, was sind die Ergebnisse?
- Worüber sollte weiter geforscht werden?

Pro Frage nicht mehr als drei Sätze. Nur fünf bis sieben Sätze insgesamt!

Einleitung

Inhalte sind:

- Worum geht es? Welche Gründe gibt es für die Themenwahl? Welche Lücken bestehen? (Kontext)
- Welche Autoren haben darüber schon geforscht? (Studienüberblick)
- Welche Frage soll beantwortet werden? (Forschungsfrage)
- Welche Methoden sollen dafür genutzt werden? (Forschungsdesign, Methodik)
- Welche Inhalte hat die Arbeit? (Aufbau)

Die Einleitung hat ca. 10 Seiten und Zwischenüberschriften und kommt aus dem Exposé.

Theorie

Welche Begriffe, Modelle und Theorien sind für das Thema relevant, anerkannt und für das Projekt geeignet?
Umfang: ca. 10-30 Seiten.
Nur relevante, aktuelle, anerkannte Modelle sind erlaubt.

Forschungsstand (Literature Review)

- Wer hat mit wem ⇒ die Autor/en
- Wann ⇒ Jahr der Veröffentlichung
- Was ⇒ Objekt/Sample
- Wie ⇒ die Methoden
- untersucht und
- Was herausgefunden ⇒ Ergebnisse und
- Wo publiziert ⇒ in welcher Publikation?
- Umfang: ca. 20-50 Seiten in Tabellenform und Text.
- Quelle: ca. 30 – 100 wissenschaftliche Artikel
- Pro Studie Forschungsfrage, Modell, Sample, Erkenntnisse und offene Fragen.

Modell über den Untersuchungsbereich und Lücken

- Welche Faktoren und Variablen sind relevant und wie ist deren Beziehung zueinander?

- Welche Variablen und welche Zusammenhänge zwischen Variablen sind noch wenig erforscht? (Forschungslücken)
- Welche dieser Lücken kommen für mein Projekt in Frage und warum?
- Welche dieser Lücken will ich in meiner Arbeit schließen?

Forschungsdesign

- Wie lauten Forschungsfrage und Detailfragen zum Thema?
- Wie lauten mögliche Hypothesen?
- Welche Datenbasis (Sample) kommt in Frage? Welche Auswahlkriterien, Merkmale, Wege der Ansprache sind relevant?
- Wie sieht das Untersuchungsmodell aus?
- Welche Methoden der Erhebung und Auswertung von Daten kommen in Frage und nach welche Kriterien werden die geeigneten ausgewählt?
- Welche Risiken gibt es und welche Gegenstrategien kommen in Frage?
- Welche Instrumente der Datengewinnung kommen in Frage wie Fragebogen, Interviewleitfaden, Erhebungsbogen, Versuchsaufbau u. ä.
- Welche Schritte enthält der Plan zur Durchführung der gewählten Analysen?

Ergebnisse

- Welche Erkenntnisse wurden gewonnen (Text, Grafiken, Tabellen, Zahlen)?
- Welche Antworten gibt es zu den Detailfragen? Was sagen die Hypothesentests?
- Wie lassen sich die Erkenntnisse interpretieren und diskutieren?

Methodenkritik

- Welche anderen Methoden und Vorgehensweisen wären sinnvoll gewesen? (Kritik ist hier nicht negativ gemeint.)

Forschungsbedarf

- Welche Fragen bleiben übrig für die nächsten Forschungsprojekte?
- Welche Methoden sind möglicherweise sinnvoll?

Fazit und Ausblick

- Was sind die wesentlichen Erkenntnisse der Arbeit?

- Welche unpersönlichen Aussagen bringen die Erkenntnisse auf den Punkt?
- Welche Schlussfolgerungen sind zwingend aus den Erkenntnissen der Arbeit zu ziehen?

Thesen

- Welche gesicherten Aussagen (= Thesen = gesicherte Erkenntnisse) kann ich formulieren?

Du solltest jetzt einen ersten Eindruck haben und vor allem das Gefühl: das ist machbar.

Weitere Fragen und Antworten

Sind der Inhalt und damit auch die Gliederung nicht vom konkreten Thema abhängig?

Natürlich ist der Inhalt vom Thema abhängig. Die Kapitel-Überschriften enthalten die themenbezogenen Begriffe.

ABER: die Reihenfolge der Kapitel auf der 1. Ebene ist immer gleich, muss es sein. Du musst die theoretische Basis der Begriffe darstellen, dann das bisher Erkannte über das Thema, dann die Forschungslücke, dann Dein Vorgehen und Deine Methoden mit Datenbeschreibung zum Schließen der Lücke, dann kommen die Ergebnisse und zuletzt Diskussion und Fazit. Das ist der rote Faden für Ingenieure, BWLer, Pädagogen, Literaturwissenschaftler, Mathematiker, Biologen, VWLer, Psychologen, Theologen und alle anderen Fächer auch.
Der Reichtum Deines Textes befindet sich auf der dritten und vierten Ebene der Gliederung. Dort finden sich Details und die eigenen Erkenntnisse und die Eigenleistung.

Wann sollte ich die Gliederung erstellen?
Die Gliederung gehört in das Exposé. Für den Anfang reicht es aber, nur die Struktur auf der ersten und zweiten Gliederungsebene zu sehen.

Das Wichtigste auf einen Blick:

1. Halte Dich an die Mustergliederung.
2. Achte immer auf den Roten Faden.

Tipp: Gratis-Online-Tool für die vorläufige Gliederung

Nutze den **Seitenzahl-Rechner**
Erstelle eine vorläufige Gliederung mit Seitenzahlen pro Kapitel
(ja, das geht tatsächlich)

Aristolo.com

Mögliche „Mini"-Sprints (Änderungen, Ergänzungen):

Die Gliederung wird immer wieder verfeinert und vertieft.

Sprint 5. Womit promovieren? – Baumaterial – Studien und Daten

Warum?	Du willst genug gutes Material.
Dein Ziel?	...ist Klarheit über Studien und Daten als „Baumaterial".
Was steht danach NEU im Exposé?	Erste Studien als Datenquellen
Dauer	5 – 8 h

Baustein 1: Studien

Was ist eine Studie?

Eine Studie ist ein Artikel aus wissenschaftlichen Zeitschriften (papers aus academic journals). Sie wird vor der Veröffentlichung von Fachexperten überprüft (peer review). Eine (sehr) gute Studie erfüllt diese Anforderungen:

- in A oder B oder C-Journal publiziert (B und C sind auch noch gut!!!)
- empirische Methodik
- maximal drei Jahre alt
- häufig zitiert

Sehr interessant sind auch Review Artikel, so genannte Meta-Studien. Diese werten alle wichtigen Studien zu einem bestimmten Stichwort in einem bestimmten Zeitraum aus. Etwa 60 bis 100 Studien werden in der Regel systematisch ausgewertet und kategorisiert und sogar statistisch analysiert.

Wie ist eine Studie oder ein Paper aufgebaut?

Das sind die Abschnitte in einem Paper:

1. Einleitung mit Forschungsstand (Review),

2. Forschungsansatz (Modell, Faktoren, Fragen),
3. Methodik,
4. Ergebnisse,
5. Fazit.

Oder in Englisch:
1. Introduction, review, gap,
2. Research focus, model, factors etc.,
3. Methodology,
4. Results and
5. Conclusion

Die Gliederung der Studie ähnelt der Gliederung einer Dissertation (eine sogenannte Monografie). Der große Unterschied ist das fehlende Theorie-Kapitel in der Studie. Wenn ein Begriff genutzt wird, dann ist auch klar, welche Theorien dahinter stehen.

Baustein 2: Daten

Was sind Daten in meiner Arbeit?

Unter Daten verstehen wir sämtliche Aussagen, Informationen, Details zu den untersuchten Variablen und Objekten. Das können Zahlen sein aber auch Modelle, Beschreibungen, Bilder, Tabellen u.ä. Diese Daten stammen zum einen aus Literaturquellen und zum anderen aus Erhebungen aller Art wie z. B.:

- Fragebogen-Antworten,
- Interview-Antworten,
- Messwerte,
- Statistiken,
- Protokolle und
- Texte aller Art aus der Realität wie Parteiprogramme, Vereinsstatuten etc.

Wozu brauche ich die Daten in meiner Arbeit?

Die Daten sind die Zutaten für Modelle. Sie zeigen die Ausprägungen von Variablen. Nehmen wir die Eigenschaften von Ebooks. Ebooks lassen sich digital verbreiten, sind durchsuchbar, verursachen keine Lagerkosten, lassen sich personalisieren etc.

Diese Merkmale sind Informationen oder Daten und gehen in das Modell zur Beschreibung von Ebooks ein. Untersuchen wir z. B. wie man mit Ebooks die Welt verbessern kann, lassen sich aus diesen Daten viele Schlüsse für die Nutzer ziehen.

Wie finde ich die passenden Daten?
Die Art der Daten hängt von der Forschungsfrage und dem Objekt ab. Auch die Datenquellen und das Vorgehen bei der Erhebung hängen davon ab. Klären wir also erst diese Fragen. Dann finden sich die Daten.

Das Wichtigste auf einen Blick:

1. Verstehe Studien und lerne, schnell und erfolgreich zu recherchieren.
2. Verstehe die Rolle von Quellen und Daten in Deinem Projekt und fange frühzeitig mit der Suche nach den passenden Datenquellen an.

Mögliche „Mini"-Sprints (Änderungen, Ergänzungen):

Die Recherche und Auswertung von Studien wird Dich ständig begleiten. Die Datensammlung ist ebenfalls ein längerer Prozess.

Sprint 6. Wie promovieren? - Masterplan für 200 Tage

Warum?	Du willst einen Plan zum Abhaken.
Dein Ziel?	...ist ein konkreter Plan mit Arbeitspaketen bis zum Ende.
Was steht danach NEU im Exposé?	Ein Entwurf für den Arbeitsplan am Ende
Dauer	4 - 6 h

Wie sieht der Plan aus?

Der Plan für eine Dissertation ist die Gliederung dieses Buches mit den zehn Meilensteinen und 60 Sprints in diesem Guide. (siehe Aristolo.com für einen Zeitplan) Das ist eln Plan mit allen notwendigen Schritten. Früher oder später wirst Du diese Schritte sowieso gehen müssen. Warum also nicht gleich von Anfang an?

Zwei wichtige Prämissen:

Es gibt Iterationen (Schleifen drehen). Die müssen sein. Rechne von Anfang an damit. Einige Aufgaben gehen schnell, andere dauern und müssen weiter zerlegt werden.

Zwei wichtige Prämissen:

Es gibt Iterationen (Schleifen drehen). Die müssen sein. Rechne von Anfang an damit. Einige Aufgaben gehen schnell, andere dauern und müssen weiter zerlegt werden.

Der Forschungsprozess im Überblick:

Der Anfang: ein Modell mit Lücken

Das Ende: ein Modell ohne Lücken

Dazwischen: Sammeln und Analysieren von Daten:

1. aus Quellen = bisheriges Wissen über Elemente im Objekt.
2. aus der Empirie = möglichst genaue Daten über fehlende Zusammenhänge.

Der Forschungsprozess im Schnelldurchlauf:

- Nimm Deinen Modell-Entwurf und identifiziere die wichtigsten Elemente im Modell des Gegenstands.
- Beschreibe die relevanten Elemente so genau wie möglich, mit Hilfe von wissenschaftlichen Quellen.
- Identifiziere die Elemente bzw. die Kombination von Elementen, die bisher wenig oder nicht beschrieben wurden.
- Formuliere Fragen zu den fehlenden Informationen über Elemente.
- Definiere die Daten (Art, Dimension etc.) und die Datenquellen für die fehlenden Informationen.
- Sammle die Daten, werte sie aus, ziehe Schlussfolgerungen und schließe die Lücken im Modell...
- Schon hast Du die gesuchten Erkenntnisse...

Ok, das war etwas abstrakt... Nehmen wir lieber ein Beispiel mit Ebooks...
Thema: Lesegewohnheiten von Ebook-Lesern – eine empirische Analyse

Schritt	Beispiel
Nimm Deinen Modell-Entwurf und identifiziere die relevanten Elemente im Modell des Gegenstands.	1 Modell über Ebooks und 1 Modell über Ebook-Leser = 1 großes Modell. Uns interessieren diese Elemente: **Ebooks:** Inhalte, Qualität, Multimedia-Einbindung, Verweise, Lesezeichen, Medienformate wie pdf, epub, optimiert für Tablet oder Smartphone, etc. **Ebook-Leser:** Motive, Gewohnheiten, Lebensweise, soziodemographische Daten, Beruf, Geräte etc.
Beschreibe die relevanten Elemente so genau wie möglich, mit Hilfe von Quellen.	Beschreibe mit Hilfe von Quellen das bisherige Wissen über: **Ebooks:** Inhalte, Qualität, Multimedia-Einbindung, Verweise, Lesezeichen, Medienformate, Optimierung für Tablet oder smartphone, etc. **Ebook-Leser:** Motive, Gewohnheiten, Lebensweise, soziodemographische Daten, Beruf, Geräte etc.

Schritt	Beispiel
Identifiziere die Elemente bzw. die Kombination von Elementen, die bisher wenig oder nicht beschrieben wurden.	Kaum untersucht sind: • das Lesen für den Job, als private Weiterbildung, • Korrelation zwischen sozialem Status und Inhalten der Ebooks, • Lesen unterwegs, auf Reisen, • Nutzen von Querverweisen in andere Medien etc.
Formuliere Fragen zu den fehlenden Informationen über Elemente.	Entscheide Dich für einen oder zwei Aspekte: • das Lesen für den Job, als private Weiterbildung, • Nutzen von Querverweisen in andere Medien etc.
Definiere die Daten (Art, Dimension etc.) und die Datenquellen für die fehlenden Informationen.	Wir nehmen das Lesen für den Job, als private Weiterbildung. **Daten:** Titel und Inhalte der Bücher (bei EBOOKS) UND andererseits Weiterbildungsbedarf zu Fachthemen wie Datenbanken, Projekt Management, Digitalisierung, Didaktik etc. (beim LESER) **Datenquellen:** Quelle 1: Bestellhistorie (einfach danach fragen könnte klappen) UND Quelle 2: Fragebogen mit geschlossenen Fragen zu Lesezeiten, Orten, Motive für Auswahl der Titel, Fachthemen, Nutzung im Job etc.
Sammle die Daten, werte sie aus, ziehe Schlussfolgerungen und schließe die Lücken im Modell	Los geht's, sammle die Daten über die Bestellungen, die Lesezeiten, die Motive etc. Dann werte sie aus und finde heraus, wie stark der Zusammenhang zwischen Weiterbildungsbedarf im Job und dem Lesen von Ebooks ist.

Was heißt denn Lücken im Ebook Beispiel?

Lücken kennzeichnen fehlendes Wissen in Form von Aussagen über den Zusammenhang. Es gibt keine zuverlässigen oder gesicherten Kenntnisse über die Merkmale, die Wirkungsweise, die Bestandteile, die Auswirkungen etc. von relevanten Elementen wie *"Ebooks und Lesegewohnheiten in Abhängigkeit vom Weiterbildungsbedarf"*.

Wie sollte ich den Forschungsprozess besser NICHT angehen?
Arbeits-Thema mit ein paar Stichworten wählen wie z. B. Digitalisierung in der Baubranche.
Quellen zu Digitalisierung und Baubranche suchen und hoffen, sie decken das Thema komplett ab...
(**ABER:** diese umfassend ausgearbeiteten Quellen sind entweder gefährlich, weil sie das Projekt überflüssig machen ODER es gibt sie nicht, weil das eben der Grund ist, diese Arbeit zu schreiben!)

Dann lesen, lesen, lesen, lesen,
Ein paar offene Fragen sammeln und selbst welche überlegen,
Erstellung von Interviewleitfaden oder Fragebogen für Umfrage,
Sammlung der Daten und Auswertung,
Dann alles zusammen schreiben...

Was kommt dabei raus? Viel Text, viele Daten, viel Unklarheit und damit viel Arbeit. Was fehlt ist eine Klammer. Diese Klammer ist das **Modell** für das untersuchte Objekt. Damit sind alle relevanten Teile im Thema gemeint wie Ebooks und Ebook-Leser, mit allen ihren Merkmalen und Attributen. Du brauchst ein Modell!

Weitere Fragen und Antworten zum Masterplan der Dissertation:

Wieso sollte EIN Plan für alle Dissertationen gelten? Menschen und Projekte sind doch verschieden...
Ein Hausbau läuft immer nach demselben Schema ab, mit Unterschieden nur in der Größenordnung, Dauer, Qualität der Materialien etc.
Aber letztlich geht es um vier Wände mit Dach und Fenstern und Türen. Der Rest sind Feinheiten, welche natürlich für uns als Bewohner außerordentlich wichtig sind... So ist es auch in der Dissertation. Der Rote Faden einer Forschungsarbeit ist immer gleich. Daher muss es auch gleiche Schritte beim Vorgehen geben.

Ist eine zu detaillierte Planung nicht demotivierend?
Klar. Wenn man sich sehr lange mit dem Plan befasst und dann klappt er nicht, kippt die Stimmung. Daher sollte man besser nur die nächste Etappe planen. Aber einen groben Gesamtplan brauchen wir!

Ich kann nicht so schnell arbeiten, brauche Zeit zum Einarbeiten?
Natürlich ist der Masterplan nur ein Anhaltspunkt. Der Plan zielt auf die Ergebnisse. Die Zeiten sind Richtwerte. Auch die Verteilung der Sprints auf die Tage und Wochen ist individuell. Aber am Ende müssen die Ergebnisse vorliegen. Dann ist alles in Ordnung.

Ich habe ein sehr spezielles Projekt? Passt da solch ein schematischer Plan überhaupt?
Forschungsprojekte sind verschieden. Aber damit die anderen Dich und Dein Werk verstehen, musst Du es irgendwann in eine strukturierte und lesbare Form bringen, egal wie kompliziert der Forschungsprozess war. Wenn niemand Deine Erkenntnisse nachvollziehen kann, war die Mühe wohl umsonst. Kümmere Dich JETZT schon darum und Du wirst sehen, dass der Masterplan dabei gezielt hilft.

Ich bin schon sehr lange am Schreiben meiner Dissertation? Wie sollte ich mit dem Plan umgehen?
Gehe den Plan durch und notiere, welche Sprints Du schon erledigt hast. Dann arbeite an der relevanten Stelle weiter.

Das Wichtigste auf einen Blick:

1. Halte Dich am besten an unsere Sprints im Masterplan.
2. Übertreibe das Planen selbst nicht.
3. Feiere Deine Zwischenerfolge.

Tipp: Gratis-Online-Tool für den Zeitplan

Nutze den **Zeitplaner**
Erstelle einen persönlichen Zeitplan bis zum Abgabe-Termin, mit unseren Sprint-Dauern und Deinem wöchentlichen Aufwand

Aristolo.com

Mögliche „Mini"-Sprints (Änderungen, Ergänzungen):

Dein Plan ist ein ständiger Begleiter. Passe ihn für die nächsten Sprints an.

Sprint 7. Kann und will ich wirklich promovieren? – Dein Deal

Warum?	Du willst eine klare Entscheidung FÜR die Diss.
Dein Ziel?	...ist ein Deal mit Dir selbst, über DEIN Commitment.
Dauer	5 - 8 h

Wie gehe ich vor?

Antworte auf diese einfachen Fragen, am besten mit JA!

- Kann ich das Projekt inhaltlich umsetzen?
- Kann ich die Methoden lernen und die Daten beschaffen und die Analysen durchführen, um die Dissertation zu schreiben?
- Will ich das wirklich?
- Bin ich bereit, pro Woche im DURCHSCHNITT ca. 15-20 h für das Projekt aufzuwenden, damit ich in 200 Tagen über 2 Jahre fertig bin?

Das Wichtigste auf einen Blick:

1. Du brauchst einen Deal für Dich und für Deine Familie und andere. Formuliere ihn explizit. Ich will...
2. Sei immer bereit, zu lernen. Dann kannst Du alle Probleme lösen.
3. Denke an die Zeit NACH der Dissertation.

Mögliche „Mini"-Sprints (Änderungen, Ergänzungen):

Schau immer wieder auf den Deal. Male Dir die Zeit DANACH aus.

MEILENSTEIN 2:
Thema und Frage sind gefunden!

MEILENSTEIN 2: Thema und Frage sind gefunden!

Warum?	Du willst den fachlichen Anfang.
Dein Ziel?	... sind eine Themenformulierung und ein Exposé-Entwurf.
Was steht danach NEU im Exposé?	Thema, Definitionen, Modelle, Kontext, Quellen, Forschungsfrage, Detailfragen
Dauer	290 h ca. 36 Arbeitstage

Sprint 8. Lege die Exposé-Datei an

Warum?	Du willst was zum Festhalten für den Einstieg.
Dein Ziel?	...ist eine Schreibdatei für Dein Exposé (Word oder andere Formate).
Was steht danach NEU im Exposé?	Deckblatt, Exposé-Kapitel und Verzeichnisse
Dauer	1 -2 h

Wie lege ich die Exposé-Datei an?

Schritt 1: Lade die Word-Exposé-Vorlage herunter: www.aristolo.com oder erstelle eine Datei und halte Dich dabei an die folgenden Punkte.

Schritt 2: Bezeichne die Exposé-Datei mit vorname-name-diss-exposee-version-1.docx

Schritt 3: Fülle das Deckblatt aus und mache damit diese Exposé-Datei zu DEINER Datei.

Was steht im Exposé?

Das Exposé ist Deine Arbeit in Miniatur und Dein Kompass. Die Kapitel im Text gleichen der vorläufigen Gliederung im Exposé. Das Exposé ist der Arbeitsplan, der Text das Ergebnis der Arbeit.

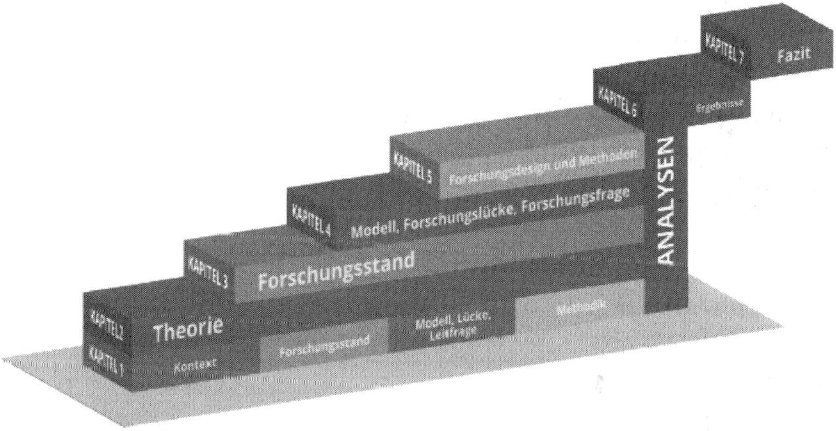

Das Exposé der Dissertation enthält diese Abschnitte:

1. Begriffsklärungen
2. Beschreibung der Ausgangssituation (Kontext)
3. Überblick zum Forschungstand (Review)
4. Entwurf des Modells
5. Ableitung der Forschungslücke
6. Formulierung der Forschungsfrage und Detailfragen
7. Zielformulierung
8. Vorgehen/Methodik
9. Aufbau der Arbeit
10. Vorläufige Gliederung der Arbeit
11. Vorläufiges Quellenverzeichnis
12. Vorläufiger Arbeitsplan

Welche Vorteile hat das Exposé für Dich und Dein Projekt?

1. Das Exposé ist ein Deal mit Dir selbst. Du willst das Geplante umsetzen.
2. Das Exposé ist Dein Einstieg. Es verhindert, dass Du monatelang „anfängst“. Mit dem Deckblatt hast Du den ersten Schritt schon gemacht.
3. Das Exposé wird zu Deiner ersten Version der Einleitung. Diese wird am Ende der Arbeit natürlich noch mal geprüft und angepasst. Du hast also schon die ersten Seiten!
4. Das Exposé ist die Gesprächsgrundlage für Betreuer und eventuelle Auftraggeber oder Stipendienzahler.
5. Das Exposé gibt Dir die Sicherheit, dass Du das Projekt schaffen kannst. Alle Inhalte in Deinem Exposé sind aufeinander abgestimmt.
6. Das Exposé enthält schon Deine Arbeitsaufträge. Du musst nicht mehr so viel grübeln, was Du als nächstes machen sollst.
7. Das Exposé ist Dein Koordinatensystem, Deine Geländekarte. Egal was Dir vor die Nase kommt: Du kannst es in Dein System einordnen. Quellen, Anforderungen, Daten, Modelle, was auch immer.
8. Das Exposé ist wie Dein Text aufgebaut. Das Ausfüllen ist Training für die große Arbeit.
9. Das Exposé schützt Dich vor Risiken. Du erkennst sie schon sehr früh und kannst was dagegen tun.

Das Wichtigste auf einen Blick:

1. Das Exposé ist Dein Bauplan.
2. Folge der strengen Gliederung, indem Du gleich in unserer Exposé-Vorlage arbeitest.

Mögliche „Mini“-Sprints (Änderungen, Ergänzungen):

Das Exposé ist zum Füllen da, bis es zur Einleitung wird.

Sprint 9. Formuliere ein Arbeitsthema

Warum?	Du willst einen Anfang.
Dein Ziel?	...ist eine vorläufige Themen-Formulierung.
Was steht danach NEU im Exposé?	Auf dem Deckblatt steht Dein Arbeitsthema
Dauer	10 - 15 h über 4 Tage

Wie komme ich zum Arbeitsthema?

Gehe diese Schritte.

Schritt 1: Themenfeld festlegen

Irgendwo müssen wir anfangen. Fangen wir mit großen Begriffen (Keywords) an. Wir nennen sie OBJEKTE, Objekte der Untersuchung. Es ist egal, ob sie materiell oder immateriell sind, ob sie einfach oder komplex sind. Es sind auch Handlungen, Sachverhalte, Systeme. Wir wollen sie genauer untersuchen und damit sind sie unser Objekt, unser Untersuchungsgegenstand.

Hier sind ein paar Stichworte = komplexe Objekte aus verschiedenen Fächern: Digitalisierung, Ebooks, Copingstrategien, Downsizing, LOHAS, Napoleonische Zeit, Urbanisierung, Migration, Basisdemokratie, Elearning, Nanotechnologie, Nachhaltigkeit u.ä.
Das sind natürlich noch keine Arbeitsthemen. Das sind Themenbereiche. Wir nennen sie THEMENFELD und damit erste Eingrenzungen. Die brauchen wir!
Aber wir brauchen mehr bzw. speziellere Stichworte. Wir brauchen so genannte THEMEN-VARIABLE, das sind Stichworte innerhalb des Themenfelds. Hier ist ein Modell. A und B und C und D sind Variable im Themenfeld.

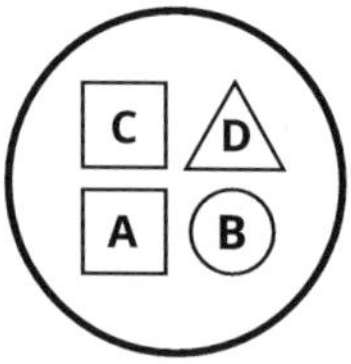

Themenfeld mit Objekten A, B, C, D

Schritt 2: Themenvariable sammeln

Themen-Variable sind auch Stichworte (Keywords). Sie unterteilen das Themenfeld. Hier sind Beispiele für solche Themen-Variablen innerhalb eines Themenfeldes.

Digitalisierung

Themenvariablen sind z. B. Branchen wie Maschinenbau, Motive, Risiken, Geschäftsprozesse, Erfolgsfaktoren, Erfahrungen, Tools, Methoden, Strategien, Kooperationen, IT, Mitarbeiterakzeptanz, Regularien, Datenfluss, Service-Anbieter, Standards, Restriktionen, Planung, Ziele, Erwartungen, Kontrolle, Projektleitung etc.

Copingstrategien: von jugendlichen Bürgerkriegsflüchtlingen, von Alleinstehenden mit Kindern, Vergleich, Einflussfaktoren, persönliche Entwicklung etc.

Downsizing: Dieselmotoren für PKW oder LKW oder Schiffe oder...

Wir können diese Reihe endlos weiterführen. Aber wir wollen gezielter vorgehen, damit wir zu einem brauchbaren Arbeitsthema kommen. Dabei hilft uns der so genannte THEMEN-FOKUS. Das folgende Modell zeigt es.

Schritt 3: Themen-Fokus „kapieren"

Grundlegend lassen sich an Objekten drei Aspekte untersuchen und beschreiben. Wir nennen das THEMEN-FOKUS. Siehe auch die Abbildungen.

1. **Status** – Stand oder Situation des Objekts, eine einfache Beschreibung seiner Merkmale, Struktur, Attribute, Varianten (z. B. eine Krankheit mit Symptomen, Betroffene etc. aber noch nicht die Ursachen!)
2. **Beziehungen** – innerhalb und außerhalb des Objekts, Ursachen, Wirkungen, Vergleiche mit anderen etc. (hier kommen die Ursachen einer Krankheit)
3. **Entwicklung** – Phasen der Evolution des Objektes (der Verlauf der Krankheit)

1. Status eines Objekts

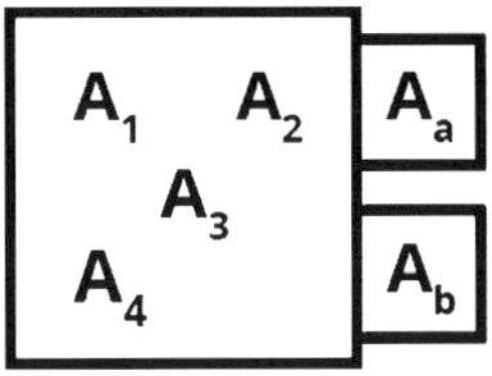

A_1, A_2 ... = Element

A_a, A_b,... = Attribute

2. Relationen zwischen Objekten

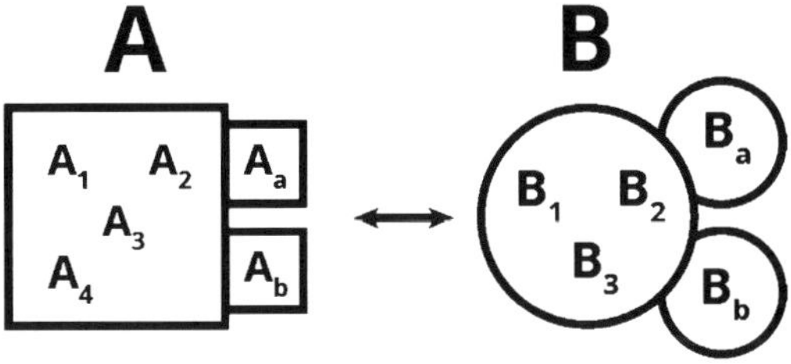

3. Evolution eines Objekts

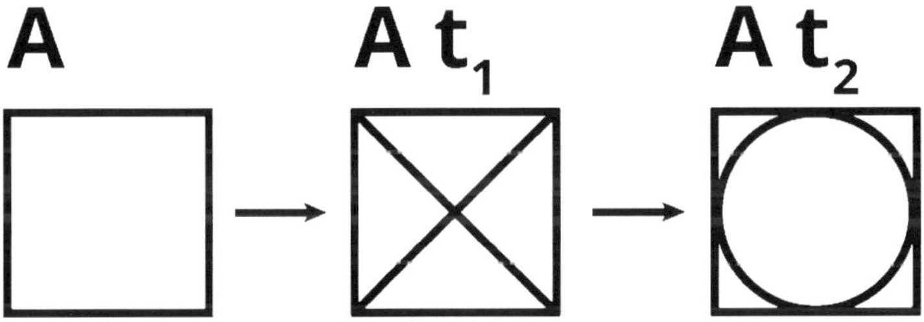

Wichtig: Das ist nur ein Modell. Die Wirklichkeit ist natürlich viel komplexer. Aber genau deshalb brauchen wir ein funktionierendes Modell. Ein solches Modell reduziert die Wirklichkeit auf einen beherrschbaren Ausschnitt. Später können wir diesen jederzeit erweitern. Dieses Modell hat sich in Tausenden Themenfindungen bestens bewährt.

Auffällig ist, dass wir gar nicht in Literatur geschaut haben... Warum eigentlich nicht? In der Literatur gibt es so viele Informationen über alle möglichen Variablen. Viele Autoren haben viel geschrieben, aus unterschiedlichen Perspektiven. Sie argumentieren mit unterschiedlichen Fakten und nutzen verschiedene Methoden. Das kann gerade am Anfang sehr verwirren! Wir brauchen jetzt noch kein Detailwissen, sondern einen Überblick. Wir wollen wissen, was wir NICHT wissen aber wissen wollen. Da lenken Details ab. Aber unser Themen-Modell hilft beim Fokus finden.

Das Finden der interessanten Variablen, der mit dem Ausgangsbegriff zusammenhängenden Begriffe, ist ein guter Test für Dich, wie vertraut Du mit dem gewählten Themenfeld bist. Fällt es Dir schwer, auf einen Schlag zehn Stichworte zu Deinem Objekt zu nennen, solltest Du die Entscheidung für dieses Feld noch mal prüfen. Oder eben Dein Wissen mit dem Lesen von Quellen noch mal auffrischen.

Schritt 4: Varianten für Themen-Fokus finden und formulieren
Wir werden mit einem Beispiel arbeiten, weil es sonst zu komplex wird. Schauen wir uns das Themenfeld Digitalisierung an und suchen nach einem möglichen Themen-Fokus.

Das Objekt: Digitalisierung

Eine erste Variable: Geschäftsprozesse

Eine weitere Eingrenzung: mittelständische Unternehmen in Deutschland im Maschinenbau

Damit lautet der erste **Arbeitstitel:**
„Digitalisierung von Geschäftsprozessen in deutschen mittelständischen Maschinenbauunternehmen"
Ist diese Formulierung nicht schon ein brauchbares Arbeitsthema. NEIN! Es gibt keinen Fokus. Du kannst darüber 1.000 Seiten schreiben und liegst immer im Thema. Diese Formulierung verlangt nur nach einer Beschreibung, aber ohne Fokus. Es gibt noch keine Frage bzw. das Thema hat noch ALLE Fragen im Blick, die mit Digitalisierung zu tun haben. Wir müssen das Thema eingrenzen und dabei helfen uns Fragen. Gehen wir im Beispiel weiter.

Themen-Fokus Status:
Wie ist der Stand der Digitalisierung von Geschäftsprozessen in deutschen mittelständischen Maschinenbauunternehmen? Wie weit sind sie? Welche Strategien haben sie? Welche Ziele, Konzepte, Erfahrungen? Das klingt schon nach Eingrenzungen.

Themen-Fokus Beziehungen:
Welche Motive sind von außen beeinflusst (von Kunden, Mitbewerbern, Zulieferern, Zertifizierungen, Gesetzen etc.)? Welche internen und externen Restriktionen spielen eine Rolle (Geld, Personal, IT-Systeme, Gesetze, Zulieferer etc.)? Welche Barrieren gibt es, welche Erfolgsfaktoren gibt es? ... Das bringt uns bestimmt auch weiter.

Themen-Fokus Entwicklung:
Welche Etappen lassen sich im Prozess der Digitalisierung von Geschäftsprozessen in deutschen mittelständischen Maschinenbauunternehmen erkennen? Wie entwickelt sich die Digitalisierung von Geschäftsprozessen in deutschen mittelständischen Maschinenbauunternehmen in ausgewählten Geschäftsbereichen wie Produktentwicklung, Produktion, Vertrieb etc.? Offensichtlich können wir da auch ansetzen.

Schritt 5: Themen-Fokus festlegen
Unser Arbeitstitel „Digitalisierung von Geschäftsprozessen in deutschen mittelständischen Maschinenbauunternehmen" ist noch nicht komplett.
Wir müssen uns für einen Themen-Fokus entscheiden. Prüfen wir unsere Optionen:
Was ist mit dem Status der Digitalisierung...?
Wie der Name schon sagt, geht es um den Zustand. Das ist an sich ein guter Ansatz, aber zu wenig für eine Diss. Der Status ist eben statisch. Wir wollen wissen, warum und wohin sich etwas entwickelt. Das gehört nicht mehr zum Status.
Also schauen wir uns die Beziehungen an.
Hier gibt es jede Menge zu erforschen, in ganz verschiedenen Richtungen! Hier sind einige mögliche Variable zur Auswahl:
Motive, Erfolgsfaktoren, Kundenerwartungen, Barrieren, Methoden, Tools, Restriktionen, Regularien, Datenschutz, Übergangsprobleme, Standards, Standardisierung, Datensysteme, Branchen-Besonderheiten, Kosten, Projektplanung, Kultur ...
Die Liste ist sehr lang. Das ist gut für die Auswahl.
Picken wir uns jetzt eine Variable heraus, die Erfolgsfaktoren. Dann klingt der Arbeitstitel schon fast nach einem richtigen Thema:
„Erfolgsfaktoren in der Digitalisierung von Geschäftsprozessen in deutschen mittelständischen Maschinenbauunternehmen"

Schritt 6: Arbeitsthema formulieren

Da fehlt aber immer noch etwas. Denn das Wort Digitalisierung ist vielgestaltig. Das ist ein Ziel, ein Prozess, ein Projekt, eine Methode, ein Zustand, ein Trend. Was genau wollen wir betrachten, die Methode, das Projekt oder den Prozess der Digitalisierung, das Ziel, die Strategie, den Trend als übergreifenden Prozess? Das sind ziemlich unterschiedliche Ansätze. Aber wir haben es gleich!

Wir müssen das konkrete Objekt der Betrachtung eindeutig definieren. Digitalisierung ist ein Oberbegriff. Wir müssen einen Ausschnitt davon wählen.

Nehmen wir die Projekt-Perspektive ein, dann kann das Thema präzise so lauten:

„Erfolgsfaktoren in Projekten der Digitalisierung von Geschäftsprozessen in deutschen mittelständischen Maschinenbauunternehmen"

Damit ist klar, dass die Digitalisierung hier als ein Projekt aufgefasst wird. Das Wort „in Projekten" scheint nur eine kleine Änderung im Wortlaut zu sein, aber das ist der Schlüssel zum gesamten Thema. Denn daraus folgt, dass unser Modell ein Projektmodell sein wird. Das macht vieles leichter, weil Du auf vorhandenen Projektmodellen aufbauen kannst. Fehlt dieses Wort Projekt, dann betrachten wir einfach die Digitalisierung als solche. Aber was genau schauen wir uns dann an? Sind es bestimmte Abteilungen, bestimmte Projekte, bestimmte Datenflüsse, die Strategie, die Besprechungen, die Abstimmung mit Zulieferern oder alles zusammen? Mit der Fokussierung auf Projekte der Digitalisierung können wir konkrete Projekte finden, untersuchen, echte Daten sammeln, auswerten und dann tatsächlich die Faktoren finden, welche die Projekte vorangebracht haben (vermutlich spielen Menschen eine große Rolle, im Guten wie im Schlechten...) Wir können auch Projekte in verschiedenen Unternehmen vergleichen. Damit schaffen wir Repräsentativität!

TIPP: Die Frage: Worüber kann ich Daten erheben? ist ein guter Leitfaden. Damit wirst Du konkret, musst Du konkret werden.

Themen-Fokus Entwicklung:

Schauen wir der Vollständigkeit halber zuletzt noch auf die Entwicklung als Themen-Fokus. Lässt sich daraus ein Thema formulieren? Na klar.

ABER: die Digitalisierung ist noch am Anfang. Bisher (bis 2018) gibt es kaum Erfahrungen, weil die meisten Projekte noch gar nicht abgeschlossen sind. Das macht die Datensammlung schwierig. In 2 bis 3 Jahren kann das natürlich anders sein. Aber eine Diss ist keine Wette. Du brauchst keine unnötigen Risiken.

Der Vollständigkeit halber sind hier noch zwei Themen mit Entwicklung als Fokus:
„Entwicklungsphasen in der Digitalisierung von Geschäftsprozessen in deutschen mittelständischen Maschinenbauunternehmen“
oder
„Erfahrungen in der Digitalisierung von Geschäftsprozessen in ausgewählten deutschen mittelständischen Maschinenbauunternehmen“
Warum brauchen wir hier plötzlich die Projekte nicht mehr? Weil die Phasen und Erfahrungen in der Digitalisierung selbst Prozesse sind und damit unser Fokus. Damit ist unser Modell auch klar, ein Prozessmodell der Evolution der Digitalisierung.

Jetzt Du!
Versuche jetzt das gleiche mit Stichworten aus Deinem Fach. Hier sind zur Anregung ein paar Stichworte (Themenfelder). Suche aber Deine eigenen Fachbegriffe.
Copingstrategien, Downsizing, LOHAS, Napoleonische Zeit, Urbanisierung, Migration, Basisdemokratie, Elearning, Nanotechnologie, Nachhaltigkeit...

Wie wichtig ist das Arbeitsthema?
Das Arbeitsthema ist der Anfang der Arbeit und die Grundlage für die nächsten Schritte. Es bleibt ein Arbeitsthema, bis das Exposé fertig ist. Dann hast Du geklärt, welche Daten mit welchen Methoden Du untersuchst, welche Quellen Du benutzen wirst, welche einzelnen Fragen Du beantworten willst, mit welchen Tools etc..
Alle Aspekte der Arbeit sind überprüft und das Thema ist umsetzbar. Dann wird das Arbeitsthema Dein Thema.

Sollte ich mehrere Arbeitsthemen haben?
Sinnvoll ist, mehrere Themen-Variable zum gleichen Feld zu haben. Also bei der Digitalisierung kann man große oder mittlere Firmen untersuchen oder Risiken oder Methoden oder Barrieren. Im Laufe der Exposé-Entwicklung wird sich zeigen, welche Themen-Variable am besten funktioniert.

Sollte ich das Arbeitsthema den Betreuern zeigen?
Das wird sich nicht vermeiden lassen. Das Arbeitsthema ist schließlich die Gesprächsgrundlage.

Das Wichtigste auf einen Blick:

1. Das Arbeitsthema braucht Zeit, damit es gut wird. Nimm sie Dir.
2. Lerne die notwendigen Grundlagen der Themenformulierung.

Mögliche „Mini"-Sprints (Änderungen, Ergänzungen):

- Prüfe das Arbeitsthema unterwegs immer wieder, bis es zum finalen Titel wird.

Sprint 10. Finde Definitionen und Modelle

Warum?	Du willst Dein Thema in den GRIFF bekommen.
Dein Ziel?	...ist eine Liste mit Definitionen und Basis-Modellen.
Was steht danach NEU im Exposé?	Definitionen zu den 3 bis 5 wichtigsten Begriffen, Übersicht von Modellen, eventuell als Abbildungen
Dauer	30 - 40 h über 15 Tage

Wie sieht eine Definition aus?

Hier ist eine Beispieldefinition für den Begriff Projekt nach DIN:
"Vorhaben, das im wesentlichen durch Einmaligkeit der Bedingungen in ihrer Gesamtheit gekennzeichnet ist" (DIN 6991-05:2009).
Der Oberbegriff ist Vorhaben. Ein Vorhaben nennen wir auch Plan. Solch einen Oberbegriff suchen wir für die Begriffe. Dazu kommen dann Attribute, die den Obergriff konkretisieren. Beispiele sind langfristig, komplex, strategisch, kostspielig, riskant etc.

Was muss ich alles definieren, welche Begriffe?

Alle Substantive im Arbeitsthema müssen definiert sein. Auch wenn Du denkst, es ist doch klar was z. B. ein Geschäftsprozess oder ein Motiv oder Digitalisierung oder Coping ist. Wenn es klar ist, dann schreibe es hin und Du wirst merken, wie schwierig es mitunter ist, solche ständig gebrauchten Begriffe sauber zu definieren. Außerdem musst Du sicherstellen, dass Du unter den Begriffen das gleiche wie die anderen Autoren im Themenbereich verstehst. Suche daher in serösen Quellen nach anerkannten Definitionen.

Warum sind Definitionen so wichtig?

Das Motto ist: Begriffe, Begreifen, in den Griff bekommen...

Je klarer Du abgrenzt, was Du untersuchst, umso genauer und vor allem früher weißt Du auch, was Du NICHT untersuchen wirst. Definitionen haben viele Vorteile:

- Du kennst den Oberbegriff und kannst damit auf allgemeinere Modelle zurückgreifen und darauf aufbauen (Beispiel Digitalisierung als Prozess und Projekt, dann helfen also Prozessmodelle und Projektmodelle).
- Du kennst mit den Autoren der Definition schon die ersten Experten und deren Werke.
- Du findest in den Definitionen weitere verwandte und wichtige Begriffe. (Digitalisierung = digitale Daten, Schnittstellen, IT-Systeme etc.)
- Du kannst Muster leichter erkennen, wenn Du allgemeinere Muster kennst. Beispiel: einen Teilprozess analysieren, wenn Du ein allgemeines Prozessmodell hast. (z. B. Umwandlung von Papierdaten in digitale Daten mittels Scannern oder ähnlichem, Berechnen von Kennzahlen für Dashboards)
- Auf der Suche nach Definitionen wirst Du sehen, wie klar das Themenfeld für andere ist. Wenn alle drum herumreden, dann ist Vorsicht geboten. Mitunter vermeiden Autoren es übrigens, ihren Hauptbegriff mit einer anerkannten Quelle zu definieren. Das ist kein gutes Vorbild.

Wie gehe ich beim Definieren vor?

Drei Fälle sind bei Definitionen denkbar:

Fall 1: Es ist ein anerkannter und gebräuchlicher Begriff wie Prozess, Erfolgsfaktor...

Fall 2: Es ist ein noch uneinheitlicher Begriff wie Digitalisierung, Social Media...

Fall 3: Es ist ein neuer, noch weitgehend unerforschter Begriff wie claimtech, immersion...

Fall 1: Anerkannter Begriff

Beispiel: Einstellung, Motivation, Anreize, Lernschwäche u. ä.

Ein schneller Weg zum Einstieg:

1. Suche den Begriff in Google.
2. Gehe zur Definition von Wikipedia.
3. In Wiki findest Du sehr oft eine Definition und oft Verweise auf wissenschaftliche Quellen wie Bücher oder Artikel.
4. Suche nach diesen Quellen und besorge sie Dir.
5. Schreibe die Definition wörtlich ab, mit Quellenangabe.

WICHTIG: Verwende im Text auf keinen Fall Google, Wikipedia, reine Online-Quellen oder Lexika als Quelle für Definitionen von anerkannten Begriffen. Das signalisiert Faulheit.

In Frage kommen nur:

1. Lehrbücher/Fachbücher
2. Wissenschaftliche Artikel (Studien, Paper)

Am allerbesten sind übrigens Normenverzeichnisse wie DIN und ISO oder Gesetze aller Art. Diese Legaldefinitionen sind das Nonplusultra.

Fall 2: Noch uneinheitlicher Begriff

Ein Kennzeichen für diese Art von Begriff ist das Vorhandensein mehrerer Definitionen unterschiedlicher Autoren. Letztlich fokussieren die Definitionen jeweils auf bestimmte Merkmale. Deswegen gilt oft nicht „entweder-oder“, sondern „sowohl-als-auch“.
Das erinnert an das Beispiel mit dem Elefanten, den sechs blinde Menschen mittels Ertasten untersuchen. Der Mensch, der den Rüssel berührt, sagt, das ist eine Schlange. Derjenige der auf dem Rücken sitzt sagt, „Das ist ein Berg“. Wer die Beine anfasst, sagt, es ist ein Baumstamm, die Ohren sind Farne, die Elfenbeinzähne sind Felsklippen usw. Diese Situation ist typisch für relativ neue Themengebiete.

Gehe so vor:

1. Suche die relevanten Autoren zum Themengebiet.
2. Suche in deren wissenschaftlichen Artikeln die verwendeten Definitionen.
3. Mache eine Übersicht dieser Definitionen, am besten in einer Tabelle.
4. Filtere die Substanz aus den jeweiligen Definitionen heraus, die zentralen Worte und den Oberbegriff.
5. Überlege, welche dieser Definitionen zu Deinem Ansatz passt.
6. Übernimm die geeignete Definition oder kombiniere aus mehreren Definitionen.

Fall 3: Neuer, weitgehend unerforschter Begriff

In diesem Fall handelt sich um einen ganz neuen Begriff. Bisher gibt es nur Definitionen von Praktikern, also Experten mit Erfahrungen im Themengebiet. Diese haben für sich selbst eine Definition formuliert, welche aber noch nicht anerkannt ist.

Jedenfalls gibt es bisher keine anerkannten wissenschaftlichen Quellen zum Forschungsgebiet. Du brauchst für Deine Arbeit aber eine saubere Definition.

WICHTIG: Bitte überlege jetzt noch einmal ganz genau, ob Du dieses Themenfeld bearbeiten willst. Das Fehlen von wissenschaftlich formulierten Definitionen deutet darauf hin, dass das ein extrem mühsames Projekt werden kann. Du musst praktisch das Feld erst noch erschließen. Vielleicht das erste Modell bauen. Das kann heldenhaft sein. Bestimmt macht das aber viel Arbeit...

So solltest Du bei neuen Begriffen in der Doktorarbeit vorgehen:

1. Sammle alle erreichbaren Veröffentlichungen mit Informationen zu diesem Themengebiet.
2. Sortiere die gefundenen Veröffentlichungen nach deren Qualität, Substanz und Wissenschaftlichkeit. Nutze nur die besten Quellen (Kriterium: Datenquellen sind rückverfolgbar und vertrauenswürdig).
3. Mache eine umfassende Wortwolke relevanter Begriffe und Varianten.
4. Sammle die Merkmale zum Objekt bzw. zu den Begriffen.
5. Überlege intensiv, welche weiteren Begriffe mit dem Begriff verwandt sind.
6. Filtere die Sätze aus den Texten, die Merkmale enthalten und in Richtung einer Definition gehen.
7. Suche zu den gefundenen Begriffen andere Begriffe, die bereits bekannt und definiert sind. Das sind Kandidaten für Oberbegriffe.
8. Suche nach Oberbegriffen für den Begriff.
9. Entwirf Deine Definition.
10. Lass mal alles ein oder zwei Tage liegen.
11. Kontrolliere, überarbeite, schleife, sammle die Belege, trage die Definition anderen vor.
12. Formuliere die Arbeitsdefinition für Deine Arbeit. Womöglich wird sie unterwegs noch verfeinert.

WICHTIG: Gib bei jedem genutzten Textstückchen die Quelle an.

Warum sollte ich jetzt schon nach Modellen suchen?

Wenn Du schon mal dabei bist, dann suche auch gleich Basis-Modelle für die Begriffe. Nehmen wir Beispiele:

- **Lesepräferenzen von Ebook-Käufern:** Modelle zu Lernverhalten, Kundenpräferenzen, Lese-Vorgang etc.
- **Digitalisierung**: Modelle zu Daten, Schnittstellen, Akzeptanzproblemen, Change Projekten, IT-Architektur, Versionsmanagement etc.
- **Marktstrukturen im Ticket-Handel:** Handelsmodelle, Ecommerce-Modelle, Marktmodelle, Marktstrukturmodelle, Ticket-Kauf-Prozess, Marktsegmentierung.

Gib diese Begriffe für Dein Thema in Google ein, zusammen mit Modell und suche nach Bildern. Suche auch in Deinen Lehrbüchern nach solchen Bildern.

Wie nützt mir ein Modell am Anfang?

Je eher Du in die Details gehst, umso schneller bist Du darin gefangen und kommst nicht weiter. Denn natürlich brauchst Du erstmal die Übersicht. Zwei Beispiele aus der Realität zeigen das.

Gleichnis Hausbau: Wenn Du ein Haus bauen willst, dann wirst Du nicht gleich die Fliesen für das Bad kaufen oder das Holz für das Dach. Du wirst erstmal eine Skizze des Hauses machen (Etagen, Art des Hauses, Zimmeraufteilung, Keller oder nicht...), dann einen groben Bauplan mit groben Maßen, dann einen feinen Bauplan für die Abstimmung aller Maße und Berechnungen und zuletzt den fertigen Bauplan für die Genehmigung vom Bauamt.

Gleichnis Waldstück-Analyse: Du willst ein Waldstück erforschen. Gehst Du dann gleich in diesen Wald hinein? Nein, Du wirst erstmal das Gebiet abstecken, dann um das Waldstück herumgehen, es danach, wenn möglich überfliegen und vor dem Betreten und genauen Betrachten wirst Du noch klären, WAS genau Du untersuchen willst: den Boden, die Bäume, die Pilze, die Moose, die Gesteine. Direkt in den Wald gehen kann ja sogar gefährlich sein...

Eine Dissertation ist wie eine Waldstück-Analyse (das Waldstück ist die Variable für Objekt oder Gegenstand) und ein Hausbau zugleich (Text schreiben und der fertige Text als fertiges Haus).

Mache also eine Liste der Modelle zu Deinen Begriffen. Kopiere die Modelle als Abbildungen in eine Word-Datei. Füge stets die Quelle hinzu!

Wichtig: Sei noch nicht allzu wählerisch! Ein schwaches Modell ist besser als kein Modell. Denn im schwachen Modell findest Du wenigstens Variable für den Anfang. Schwach sind Modelle, wenn die Beziehungen nicht begründet sind, wenn die Variable viel zu grob sind, moderierende Variable fehlen, alles mit allem verbunden ist...

Du wirst die Modelle beim Tiefergehen noch "ausmisten". Schlimmstenfalls sind sie nur der Ausgangspunkt für die Suche nach Infos über enthaltene Variable. Deine Modelle entsprechen praktisch Haus-Modellen oder -Varianten und Modellen von typischen Wäldern. Offensichtlich ist das gut für die Orientierung.

Das Wichtigste auf einen Blick:

1. Arbeite stets mit sauberen und belegten Definitionen. Damit wird alles leichter. Lerne die notwendigen Grundlagen der Themenformulierung.
2. Nutze Modelle als Rahmen, wo immer möglich.

Mögliche „Mini"-Sprints (Änderungen, Ergänzungen):

Für neue Begriffe sind neue Definitionen und Modelle nötig. Neue Modelle zu bestehenden Begriffen finden sich aber auch in neuen Studien. Füge sie hinzu, wenn Du welche findest.

Sprint 11. Erstelle eine Keyword-Wolke

Warum?	Du willst alle wichtigen Keywords zum Thema.
Dein Ziel?	...ist eine Sammlung (Wolke) relevanter und verwandter Keywords.
Was steht danach NEU im Exposé?	Im Kapitel Methodik stehen die gewählten Keywords für die Quellensuche.
Dauer	5 - 8 h über 2 Tage

Wie sieht eine Keyword-Wolke aus?

Das Ziel ist eine umfassende Keyword-Wolke. Hier ist ein Beispiel:

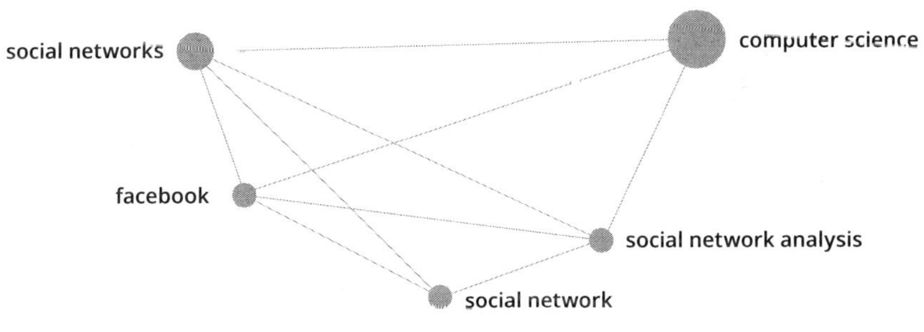

1. Liste die allerersten großen Stichworte auf

Wir nehmen wieder unsere Beispiele:

- Leseschwäche (Pädagogik)
- Nanotechnologie (Ingenieurwissenschaft)
- Digitalisierung (BWL)
- Bewältigungsstrategien (Psychologie)
- Migration (Soziologie)
- Bargeldabschaffung (VWL)
- Urbanisierung (Geografie)
- String Theorie (Mathematik)
- E-Governance (Politikwissenschaft)
- Etc. (alles was Dich interessieren könnte)

Hier sind noch ein paar weitere Begriffe:

- Onlinemarketing
- Medienerziehung
- Motivgeschichte
- Lernkonzept
- Energieeffizienz
- Hochschuldidaktik
- Recycling
- Datenbank
- Projektmanagement
- Hausbau
- Waldanalyse

2. Definiere die ersten Begriffe

Übernimm Deine Definitionen der wichtigsten Begriffe und finde Definitionen für weitere Begriffe, die Dir wichtig erscheinen.
Liste die wesentlichen Merkmale oder Attribute für jeden Begriff auf, aus seriösen Quellen wie Büchern und Studien. Suche am besten auch gleich Modelle dazu. (Beispiel Digitalisierung: suche Modelle über Datenformate oder die Schnittstellenproblematik oder relevante Prozesse)

3. Erstelle eine Suchwort-Tabelle

Stufe	Inhalt	Deine Antworten
1	korrekte Schreibweise des Suchbegriffs	
2	Englische Übersetzung	
3	Synonyme/Antonyme	
4	Verwandte Wörter	
5	Verschiedene Wortformen, Substantive, Adjektive, Verben	

Hier sind Beispiele für konkrete Suchbegriffe:
Wortwolke als Tabelle für den Begriff Onlinemarketing

Stufe	Inhalt	Deine Antworten
1	Korrekte Schreibweise des Suchbegriffs	Onlinemarketing oder Online-Marketing
2	Englische Übersetzung	Internet Marketing, Web Marketing
3	Synonyme/Antonyme	Internetmarketing, Webmarketing, Digital Marketing Antonyme: Printwerbung, Fernsehwerbung, Radiowerbung, Offlinemarketing, Außenwerbung
4	Verwandte Wörter	Bannerwerbung, Suchmaschinenmarketing, E-Mail-Werbung, Social Media Marketing, Onlineshop, Online-PR
5	Verschiedene Wortformen, Substantive, Adjektive, Verben	Marketing, Vermarktung, Vertrieb, Werbung, PR, werben, vermarkten

Wortwolke für den Begriff Medienerziehung

Stufe 1: korrekte Schreibweise: Medienerziehung
Stufe 2: englische Übersetzung: media paedagogics
Stufe 3: Synonyme/Antonyme: Mediennutzung, Mediengebrauch, Onlinekompetenz, Medienkonsum
Stufe 4: verwandte Wörter: Medienwirkungsforschung, Anleitung,
Stufe 5: verschiedene Wortformen: Erziehung, Pädagogik, Fernsehnutzung, Internetnutzung

Wortwolke für den Begriff Motivgeschichte

Stufe 1: Schreibweise: Motivgeschichte
Stufe 2: Translation: Methode Texterschließung
Stufe 3: Synonyme: Traditionskritik, Texttradition, Motivtradition, Tradierung
Stufe 4: verwandte Wörter: Motiv, Entwicklung von Vorstellungen, Textanalyse, historisch-kritische Methode
Stufe 5: Wortformen: analysieren, einordnen, historischer Kontext, Motivkontext

4. Verfeinere die Wortwolke

Finde neue Keywords mit Hilfe der Inhalte und Keywords in Text-Teilen von Fachbüchern und Studien wie:

- Abstracts
- Modelle
- Zusammenfassungen
- Einleitungen
- Klappentexte

5. Suche nach verbundenen Begriffen zu den Grundbegriffen

Mit verbundenen Begriffen meinen wir Begriffe zur Beschreibung des Oberbegriffs. Das sind Attribute oder Elemente der Begriffe. Hier sind drei Beispiele.

Onlinemarketing	Kennzahlen	LOHAS
Ziele	Elemente	Kriterien

Onlinemarketing	Kennzahlen	LOHAS
Tools	Struktur	Best practices
Modelle	Aktionsweise	Experten
Methoden	Ablauf	Anwendungsbereiche
Akteure	Faktoren	Merkmale
Probleme	Kausalität	Konst. Elemente
Ressourcen	Empirie	

Was mache ich später mit der Wortwolke?
Bei der weiteren Quellensuche brauchst Du sie. Du wirst sie auch für die Beschreibung Deiner Vorgehensweise bei der Recherche und Auswertung von Quellen brauchen. Die Begriffe helfen Dir auch bei Beschreibungen in Deinem Text.

Woran merke ich, dass die Wolke komplett ist?
Sie wird sicher nie komplett sein, aber umfangreich genug für die weitere Suche und Beschäftigung mit dem Thema.

Wie stelle ich die Keyword-Wolke in der Arbeit dar?
Die Suchbegriffe, welche Du genutzt hast, um Quellen zu finden gehören zu den Einschlusskriterien. Die Keywords, welche Du ausgeschlossen hast, gehören zu den Ausschlusskriterien. Beide werden in der Beschreibung des Vorgehens zur Erhebung des Forschungsstands erwähnt.

Das Wichtigste auf einen Blick:

1. Finde und kläre unbedingt verwandte Begriffe Deiner Keywords. Nutze Modelle als Rahmen, wo immer möglich.
2. Kehre zur Wolke zurück, wenn Du Inspiration brauchst. Die Verbindungen können Dir helfen.

Mögliche „Mini"-Sprints (Änderungen, Ergänzungen):

Völlig neue Begriffe sollten nicht mehr auftauchen. Aber Varianten und Unterbegriffe sind möglich. Ergänze damit die Wolke.

Sprint 12. Finde 20 – 30 Studien

Warum?	Du willst Studien als Quellen.
Dein Ziel?	...ist eine Liste der besten und wichtigsten wissenschaftlichen Quellen (Papers) zum Thema.
Was steht danach NEU im Exposé?	Eine Liste von 20 bis 30 Studien oder Papers
Dauer	10 - 15 h über vier Tage

Woran erkenne ich geeignete Quellen?

Relevanz: Suchbegriffe finden sich in 1. Titel, 2. Keywords 3. Abstract 4. Einleitung
Journal: ABC-Journal oder jedenfalls gut gerankt
Methodik: empirisch, mit Detailbeschreibung des Vorgehens
Alter: maximal 5 Jahre
Basis-Modelle: werden genannt oder sogar kurz beschrieben

Wo finde ich passende Studien?

wissenschaftliche Suchmaschinen wie scholar.google.com und researchgate.com.

Wie suche ich am besten?

Nutze Deine Wortwolke! Gib die Suchbegriffe aus der Wortwolke in Suchkataloge ein. Filtere die ersten relevanten Quellen heraus, mit Hilfe der Einschlusskriterien und Ausschlusskriterien.

Gehe dann Punkt für Punkt die Eignungskriterien für Studien durch.

Woran orientiere ich mich bei der Bewertung einer Studie?

Am Titel und Abstract. Im Abstract werden die wichtigsten Ergebnisse genannt.

Eine Studie ist gut für mich wenn,

- die Teilmenge der betrachteten Variablen oder Faktoren mit meinen Variablen groß ist,
- die Methoden für mein Thema interessant sind,
- ich so ähnliche empirische Daten auch besorgen kann,
- die Erkenntnisse gut in mein eigenes Modell passen,
- der Artikel viele der Quellen nutzt, die ich auch gefunden habe und
- das Vorgehen und die Ergebnisse ausführlich beschrieben werden.

Wie nutze ich die Artikel und Studien für meine Dissertation?

Du filterst alles, was Du brauchen kannst.

- Entwirf Dein Modell mit Hilfe der Modelle der besten Paper. Später kommen Deine eigenen Erkenntnisse.
- Orientiere Dich erstmal an den Methoden und am Forschungsdesign der besten Studien.
- Prüfe, ob Du ähnliche empirische Daten erheben kannst.
- Folge den Verweisen für den Forschungsstand.

Warum sollte ich nicht mit Büchern arbeiten?

- Fachbücher enthalten ALTES Wissen. Sie basieren auf den Papers, meist natürlich älteren Papers.
- Fachbücher gehen in die Breite. Sie sind meist wenig spezifisch. Du brauchst aber Tiefe.
- Fachbücher zeigen meist nur die finalen Erkenntnisse, aber nicht, wie sie zustandekommen. Sie gehen nicht auf die angewandten Forschungsmethoden ein.

Dennoch können Fachbücher inspirieren und zu den richtigen Autoren und Quellen führen!

Wie sollte ich die Quellen ablegen?

Regel 1: Immer Dateinamen mit Autor-Nachname am Anfang.

Regel 2: Inhaltlich sortieren wie z. B. nach Modellen oder Themen statt nach Format wie PDF oder Excel.

Regel 3: Unsichere Quellen in einen Extra-Ordner ablegen.

Sollte ich mit Citavi arbeiten?

Vorteile:

- Alle Quellenangaben an einem Platz.
- Quellenverweise sind leicht zu erstellen und einzubauen.
- Quellenverzeichnis ist immer up to date.

Nachteile:

- Man muss Citavi lernen, um es zu beherrschen. Das kann dauern.
- Gefahr, dass ein Datenfriedhof entsteht, weil immer neue Quellen kommen und man sich immer erst um die neuen Quellen kümmert, statt eigene Erkenntnisse zu gewinnen...
- Belohnung durch fleißiges Arbeiten mit den Quellen führt zu endloser Beschäftigung mit alten Quellen (wir lieben Belohnungen!) statt Beschäftigung mit riskanten Aufgaben wie der Suche nach Experten oder dem Bau des neuen Modells.
- Framing-Risiko: Du siehst nur, was es gibt und nicht, was fehlt.

Wie sollte ich meine Suche protokollieren?

Du musst Deine Schritte während der Recherche lückenlos beschreiben, damit sie nachvollzogen werden können. Nur so kann auch der Weg der Erkenntnis überprüft werden. Schließlich willst Du am Ende der Arbeit GESICHERTE Erkenntnisse.
Hier sind zwei Schemata für die saubere Dokumentation aller Schritte bis zur Auswahl der Studien für den Forschungsstand. Bitte dokumentiere Dein Vorgehen in dieser Weise.

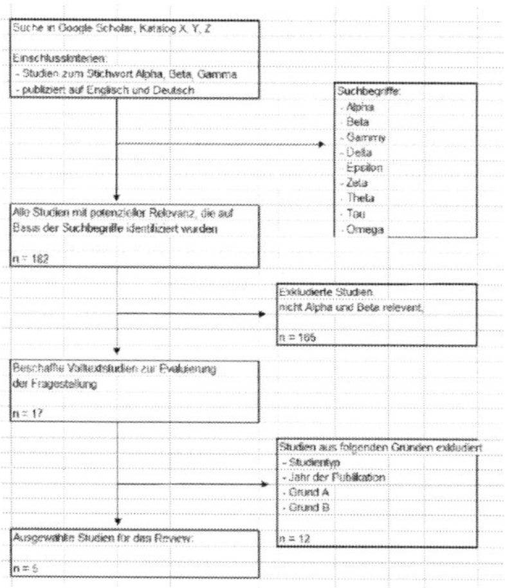

Abbildung 1: Eingrenzung der Ergebnisse der Studiensuche

Das Thema lautet:

Relevanz von Wissensmanagement für das Innovationsmanagement im Mittelstand – ein literature review

Quelle / Katalog	Suchbegriffe	Anzahl der Resultate	Einschlusskriterien (E) Ausschlusskriterien (A)	Comments
EBSCO	Wissensmanagement	2.545	A: Zu viele nicht relevante Ergebnisse Viele alte Quellen	Suche verfeinern Suchbegriffe kombinieren
EBSCO	Wissensmanagement AND Innovation	328	A: Zu viele nicht relevante Ergebnisse Viele alte Quellen	Suche verfeinern Suchbegriffe kombinieren
EBSCO	Wissensmanagement AND Mittelstand	362	A: Zu viele nicht relevante Ergebnisse Viele alte Quellen	Suche verfeinern Suchbegriffe kombinieren
EBSCO	Wissensmanagement AND Mittelstand AND Innovation	98	A: Immer noch viele nicht relevante Ergebnisse Zu allgemein zu Innovation Nicht nur Unternehmen	Suche verfeinern Suchbegriffe kombinieren
EBSCO	Wissensmanagement AND Mittelstand AND Innovationsmanagement	12	A: Keine E: alle Quellen sind relevant	Auswertung erstellen

Abbildung 2: Protokoll der Funde bei der Studiensuche

Was mache ich, wenn ich zu meinem Thema keine Quellen finde?

Falls das wirklich so ist, dann hast Du kein Problem, weil Du KEIN Thema hast. Dann ist Dein Ansatz offenbar nicht relevant. ABER: möglichweise findest Du auch nur keine Studien zum direkten Zusammenhang zwischen Variable Alfa-12 und Beta-15. Der Grund ist, dass genau DIESER Zusammenhang eben DEINE Frage ist, DEIN Beitrag zur Schließung einer Wissenslücke. Da gibt es bisher kaum Studien.

Aber es gibt vermutlich Studien zu Alfa-12 und Beta-15 an sich, in dieser Art:

- Quellen 1 bis 35 zu Alfa-12
- Quellen 36 bis 53 zu Beta 15

Quellen X bis y zum Zusammenhang zwischen

- Alfa-12 und Beta 19
- Alfa-12 und Gamma 4
- Beta 15 und Gamma-17

Reales Beispiel:

Gesucht werden: Stressfaktoren bei Grundschullehrern

Gefunden werden:

- Stressfaktoren bei Beamten
- Die Stressfaktoren 1 und 6 (aus Modell M) bei Offizieren
- Ausgewählte Stressfaktoren bei Hochschullehrern in den Ferien
- Stressfaktoren 4, 7, 12 bei Kindergartenbetreuerinnen

Suche also nach Studien zu Deinen Suchbegriffen. Orientiere Dich an Deiner Wortwolke. Erweitere sie, falls neue Begriffe auftauchen.

Das Wichtigste auf einen Blick:

1. Die ersten Studien sind die wichtigsten. Wähle sie sehr sorgfältig aus.
2. Werte die Studien immer gezielt aus. Verliere Dich am Anfang nicht in den Details. Lieber die ersten Studien gründlich auswerten!

Mögliche „Mini"-Sprints (Änderungen, Ergänzungen):

Das Finden weiterer Studien ist eine Daueraufgabe für die ganze Arbeit. Aber alle folgenden Studien bauen auf den ersten Studien auf.

Sprint 13. Erstelle die Review-Matrix

Warum?	Du willst den Überblick der Studien-Inhalte.
Dein Ziel?	...ist eine detaillierte Übersicht darüber, wer schon was und wie und womit zum Thema erforscht hat und welche Fragen offen sind.
Was steht danach NEU im Exposé?	Die volle Matrix mit Inhalten der 20-30 Paper.
Dauer	40 - 60 h über 14 Tage

Wie sieht die Übersicht aus?

Benutze unsere Review-Matrix.

Nr.	Autoren	Titel	Jahr	Forschungsfrage	Untersuchte Faktoren	Methoden / Modelle	Stichprobe	Ergebnisse / Erkenntnisse	Lücken / Probleme / Kritik	Interpretation / Einordnung
1										
2										
3										

Abbildung 3: Matrix für das Literature Review

Nr.	Autoren	Titel	Jahr	Forschungsfrage	Untersuchte Faktoren	Methoden / Modelle	Stichprobe	Ergebnisse / Erkenntnisse	Lücken / Probleme / Kritik	Interpretation / Einordnung
1	Shasha Tenga, Kok Wei Khonga & Wei Wei Gohb	Persuasive Communication: A Study of Major Attitude-Behavior Theories in a Social Media Context	2015	critically review, discuss, and examine five major attitude-behavior theories in the social psychology field	Theory of Planned Behavior, Elaboration Likelihood Model, Heuristic-Systematic Model, Cognitive Dissonance Theory, Social Judgment Theory	Keword based Literature review with well defined exclusion criteria	50 papers (after exclusion)	- steadily increasing number of research articles applying ELM - TPB studies in the social media context accumulated 6 articles in 8 years - For HSM studies in the social media context, it is recognized as a rather sporadic occurrence in the trend	- CDT: Unable to accurately predict human behaviour - Difficult to observe and measure dissonance - Failing to provide a reliable method to assess the degree of dissonance - SJT: Weaker evidence in assimilation and contrast effects - Unable to measure correlations of ego-involvement variables	It is fairly important to state that the TPB is a widely used theory within and beyond the social psychology domain. Unlike ELM, heuristic cues in HSM were criticized as only one part of the peripheral cues of ELM. Lacking in conceptualizing framework, HSM received less empirical support from extant studies
2	Yu-Ting Chang, Hueiju Yu, Hsi-Peng Lu	Persuasive messages, popularity cohesion, and message diffusion in social media marketing	2014	This research investigates how persuasive messages (i.e., argument quality, post popularity, and post attractiveness) can lead internet users to click like and share messages in social mediamarketing activities.	H1. Argument quality of posts has a positive effect on usefulness. H2a. Post popularity positively affects usefulness. H2b. Post popularity positively affects preference. H3. Post attractiveness positively affects preference.	Literature review: Structural equation modeling analyzes questionnaire data two-step analysis: AMOS examines measurement model. Then, AMOS examines structural model. study uses confirmatory factor analysis (CFA) to evaluate measurement model.	392 fans survey from a fan page on Facebook	First, this research shows that on social network sites, argument quality, post popularity, and attractiveness reinforce usefulness and preference. Second, results indicate that usefulness affects fan behaviors Third, this research finds that the like intention of page fans is the essential factor in their sharing intention	First, this study is only applicable to pages with abundant content, but not to popular pages, such as those of famous individuals. the sample in this research consists of fans of only one page this research uses an online questionnaire. Thus, it is difficult to analyze post popularity and why users forward posts	This study uses ELM theory to explore popularity cohesion, message diffusion, and persuasive messages in social networking groups

Abbildung 4: Beispiel Matrix für ein Literature Review

Du siehst in der ausgefüllten Tabelle sehr schnell die Muster in bisherigen Studien.

Du kannst die Studien bequem sortieren und clustern.

Wie werte ich die Studien am besten und schnellsten aus?

Suche in jedem Paper gezielt nach den Antworten auf diese Fragen:

1. Welche Forschungsfrage und welche Faktoren wurden untersucht?
2. Welche Art von Daten (Sample) und von wem oder was wurden erhoben?
3. Welche Methoden wurde zur Datenerhebung und Datenanalyse genutzt?
4. Welche Erkenntnisse wurden gewonnen?
5. Welche Fragen blieben offen?

Trage die Antworten stichpunktartig in die Review-Tabelle ein. Alle Studien werden nach diesem Schema ausgewertet, auch kommende. Diese Review-Matrix leistet Dir bis zum Ende der Dissertation sehr gute Dienste.

Weitere Fragen und Antworten:

Wie lange sollte die Auswertung einer Studie dauern?

Am Anfang brauchst Du pro Studie etwa 3-4 Stunden, besonders für die Anker-Studien. Danach sollten 1 - 2 h pro Studie reichen, weil Du Dich schon auskennst. Du filterst nur die Inhalte zu Deinen 5 Fragen. Verliere Dich also nicht im gründlichen Lesen. Schaue lieber später noch mal rein, wenn Du den Überblick hast.

Wie detailliert sollten die Inhalte in der Tabelle sein?

Kümmere Dich nur um die Fakten, stichwortartig. Schreibe auf keinen Fall seitenweise die Ergebnisse ab.

In welcher Reihenfolge sollte ich die Studien auswerten?

Fange mit den besten Studien an, aus den Journals, die am höchsten bewertet sind. Oder einfach mit denen, die Dir leichter fallen oder die empfohlen werden oder Dich einfach „anlachen". Das ist gut für die Motivation.

Sollte ich die Studien nicht sehr sorgfältig lesen?

Ja und nein. Du musst gezielt die wichtigen Infos aus den Studien filtern. Das verlangt Sorgfalt. ABER: Du weißt am Anfang oft gar nicht, was wichtig ist.
Ideal wäre, wenn Du 3 Super-Studien zum Einstieg lesen würdest, in denen die wichtigsten Konzepte und Fragen behandelt werden. Aber es ist sehr schwer, die Qualität und Relevanz der Studien am Anfang einzuschätzen.

Dazu brauchst Du erst einmal den Überblick über den Themenbereich, eine Art Koordinatensystem. Den Überblick bekommst Du am schnellsten mit der Tabelle mit den Infos aus den Studien. DANACH verstehst Du alle Studien viel besser und kannst auch die besten Studien erkennen. Du wirst also noch mal einige genauer lesen müssen, aber später! Im Moment sollte das eher eine Sache von wenigen Tagen als Wochen sein.

Welche Rolle spielen Bücher?

Beim Einstieg helfen auch Bücher, denn sie enthalten grundlegende Modelle und vor allem Definitionen. Du solltest allerdings unbedingt einen Themenbereich wählen, in dem Du schon zu Hause bist. Sonst fängst Du bei Null an. Nicht gut!

Tipps für das Quellenmanagement

Beim Ordnen der Quellen solltest Du so vorgehen wie beim Einziehen in ein neues Haus. Im alten Haus hast Du Kisten gepackt für Küche, Schlafzimmer, Bad, Wohnzimmer etc. Die Kisten sind beschriftet und nummeriert. Im neuen Heim stellst Du die Kisten in das jeweilige Zimmer. Später wird ausgepackt. Mache es genauso mit der Literatur.

- Formale Ordnungsprinzipen wie elektronisch oder hard copy oder Bücher, Artikel, Internetquellen oder Vorträge helfen nicht.
- Sinnvoll ist das Sortieren der Quellen nach Kapitel 2, 3 oder 5 oder feiner nach 2.3 etc.
- Sehr wichtige digitale Quellen besser ausdrucken und wie offline-Quelle behandeln, auch größere.
- Empfehlenswert sind Stapel oder Häufchen nach Hauptkapiteln der Arbeit, im Regal oder auf dem Tisch. Dann kann man jeweils mit dem Stapel arbeiten.
- Relevante Seiten aus Büchern kopieren, wenn sie nur kurz ausgeliehen werden können. Oder gleich nach PDF-Versionen der Bücher schauen.
- Ordnerstruktur auf dem Computer gut überlegen, nach Kapiteln oder Themenbereichen.
- Abspeichern der Quellen in einem Cloud-Ordner wie Dropbox oder Google Drive, zur Datensicherheit.

- Deckblatt auf ausgedruckte Quelle legen, mit Infos über zugeordnete Kapitel/ Unterkapitel und Hinweise wie Grundlagenliteratur oder spezielle Quelle, Deutsch oder Englisch, Modelle oder Daten oder Empirie, Seitenzahl, weitere Infos und Notizen. So ein Deckblatt kann Dir schnell den Überblick geben.
- Nicht zu lange aufhalten mit dem Sortieren und Bewegen der Quellen

Wege zur Quellenliste

Nur zwei Wege sind sinnvoll:
1. Übernahme der Metadaten aus einer zuverlässigen Quelle wie einem Paper und in die Liste kopieren. ABER: die Quelle muss zuverlässig sein!
2. Exportieren der Metadaten aus z. B. www.citavi.de

Ein Abtippen der Metadaten aus der Quelle per Hand kann zu Fehlern führen, lässt sich aber manchmal nicht vermeiden.
Fehlende Meta-Daten wie Ort, Jahr oder Vorname am besten suchen in scholar.google.com. Einfach Titel oder Teile davon und Autor-Nachname eingeben, suchen und Daten in Quellenliste ergänzen.

Vorlage Literaturliste

Benutze eine Tabelle für das Literaturverzeichnis, um zu sortieren. Füge für jede neue Quelle eine neue Zeile ein, in dieser Art:

Thießen (1996)	Thießen, Friedrich.: Covenants in Kreditverträgen: Alterative oder Ergänzung zum Insolvenzrecht? In: Zeitschrift für Bankrecht und Bankwirtschaft, 8. Jg. 1996, S. 19-27.

Das Wichtigste auf einen Blick:

1. Halte Dich an die Matrix-Vorlage.
2. Filtere die wichtigsten Infos aus den Studien.
3. Schau immer wieder auf die Matrix, um Dich im Themenfeld zu orientieren.

Mögliche „Mini"-Sprints (Änderungen, Ergänzungen):

Ergänze die Matrix, sobald Du neue Studien findest. Versuche Stapelverarbeitung mehrerer Studien, wenn möglich.

Sprint 14. Werte die Matrix aus

Warum?	Du willst den Forschungsstand.
Dein Ziel?	...sind fünf Listen mit 1) Faktoren/Variablen, 2) Sample/Datenbasis 3) Methoden, 4) Erkenntnissen und 5) Lücken = offenen Fragen.
Was steht danach NEU im Exposé?	5 Listen
Dauer	40 - 60 h über 14 Tage

Wie werte ich die Review Matrix aus?

Erstelle diese fünf Listen mit den Inhalten aller wichtigen Studien.

1. Faktoren/Variablen
2. Sample/Datenbasis
3. Methoden
4. Erkenntnisse
5. Lücken = offene Fragen

Liste 1: Die Variablen/Faktoren

Erstelle eine Liste der Faktoren, die von den Autoren untersucht wurden (die also gemessen, erhoben, bewertet wurden). Gehe Studie für Studie durch.

Beispiel-Thema: Auswirkungen von Schokolade auf die Motivation von Studis

Alfman, 2017 hat sich beschäftigt mit Schokoladenriegel, Schokoladenaufstrich, Schokoladenmilch sowie Lernmotivation, Lesemotivation, Schreibmotivation

Dann sieht Deine Liste so aus:

- Schokoladenriegel (Alfman, 2017)
- Schokoladenaufstrich (Alfman, 2017)
- Schokoladenmilch (Alfman, 2017)
- Lernmotivation (Alfman, 2017)
- Lesemotivation (Alfman, 2017)

- Schreibmotivation (Alfman, 2017)

Betawoman, 2015 hat sich beschäftigt mit Schokoladenkuchen, Schokoladentorte, Schokoladenaufstrich und dazu Trainingsmotivation, Lesemotivation.
Dann sieht Deine Liste so aus:

- Schokoladenkuchen (Betawoman, 2015)
- Schokoladenaufstrich (Betawoman, 2015)
- Schokoladentorte (Betawoman, 2015)
- Trainingsmotivation (Betawoman, 2015)
- Lesemotivation (Betawoman, 2015) usw.

Dann erhältst Du solch eine sortierte Liste beider Autoren:

- Lernmotivation (Alfman, 2017)
- Lesemotivation (Alfman, 2017; Betawoman, 2015)
- Schokoladenaufstrich (Alfman, 2017; Betawoman, 2015)
- Schokoladenkuchen (Betawoman, 2015)
- Schokoladenmilch (Alfman, 2017)
- Schokoladenriegel (Alfman, 2017)
- Schokoladentorte (Betawoman, 2015)
- Schreibmotivation (Alfman, 2017)
- Trainingsmotivation (Betawoman, 2015)

Übersichtlicher ist eine Tabelle, mit den Variablen in der Kopfzeile.

Schokoladen-aufstrich	**Lesemotivation**	**Schokoladenriegel**	**Trainings-motivation**
Alfman, 2017	Alfman, 2017	Alfman, 2017	Betawoman, 2015
Betawoman, 2015	Betawoman, 2015		

Nimm die Tabelle besser quer.

Wichtig:

- Offenbar müssen die Variablen eindeutig benannt sein, von allen Autoren, sonst hast Du verschiedene Schreibweisen und kommst leicht durcheinander. Da sie das oft nicht sind, musst Du die Variablen vereinheitlichen. Im Zweifel halte Dich an die Bezeichnungen und Definitionen der besten Studien. Schreibe Begriffsvarianten in Klammern.
- Die Liste der Variablen kann länger werden, weshalb es so wichtig ist, wirklich die besten Paper zu haben.
- Behalte das Ziel im Auge, eine Cloud von Variablen UND eine Liste mit wenig behandelten Variablen.

Liste 2: Die Datenbasis/Das Sample

Dasselbe machst Du jetzt mit der Datenbasis. Du filterst aus den Studien heraus, wen oder was die Autoren als Daten-Träger untersucht haben.

Alfman, 2017 hat Schweizer Berufsschüler untersucht. Deren Merkmale waren: Alter 17-21, Männer und Frauen, Handwerksberufe, ländliche Berufsschulen, im zweiten Lehrjahr

Betawoman, 2015 hat Berliner BWLer untersucht. Deren Merkmale waren: Alter 19-23, Bachelorstudium, Präsenzstudium, Männer und Frauen, 2. bis 4. Semester usw.

Dann erhältst Du solch eine sortierte Liste:

- Schweizer Berufsschüler (Alfman, 2017)
- Berliner BWL-Studenten (Betawoman, 2017)
- XY-Gruppe (Capra, 2012)

Liste 3: Die Methoden

Dasselbe machst Du jetzt mit den Methoden der Studien. Du filterst heraus, welche Autoren welche Methoden der Erhebung und Auswertung von Daten gewählt haben.

Alfman, 2017 hat Schweizer Berufsschüler mittels Fragenbogen untersucht.

Betawoman, 2015 hat Berliner BWLer mittels Beobachtung untersucht.

Weitere Methoden sind

- Interview
- Experiment
- Auswertung von Schokoladenkonsum-Protokollen usw.

Tipps:

- Vereinheitliche die Bezeichnung der Methoden. Beispiel: Interviews, Diskussion mit Experten, Gespräche, persönliche Gespräche = das sind alles Interviews. Aber es könnten auch Gruppen-Interviews gewesen sein. Vermerke das!
- Die Bezeichnungen sollten kurz und eindeutig sein.
- Unterscheide die Methoden der Datenerhebung von denen der Datenanalyse.

Wobei hilft die Liste der Methoden?

- Die Methoden der anderen helfen Dir, Deine eigenen Methoden zu bestimmen.
- Du kannst auch die Relevanz der Studien besser beurteilen. Empirische Studien sind glaubwürdiger. Aber wenn die Auswertungsmethoden nicht adäquat sind, dann sind die Ergebnisse nicht verlässlich, trotz toller Daten.
- Du kannst Dich am Ende Deiner Arbeit bei der Methodenkritik an den Methoden der anderen orientieren.

Liste 4: Die Ergebnisse

Diese Liste ist die längste und komplexeste und daher schwer zu beherrschen. Das siehst Du schon an der Menge der Erkenntnisse jeder Studie.
Idealerweise hast Du in jeder Studie bestimmte Kernaussagen oder Thesen, die zusammengenommen ein Bild des Themenausschnitts ergeben.
Die einfachste Form von Erkenntnissen sind einfache Aussagen über die einzelnen Variablen und deren Zusammenhänge. Entlang der Variablen kannst Du die Erkenntnisse auch sortieren. Nehmen wir Beispiele:

Alfman, 2017 hat folgende Erkenntnisse über den Schokoladenkonsum Schweizer Berufsschüler über einen standardisierten Fragenbogen ermittelt.

- Die konsumierte Menge ist abhängig von der Tageszeit.
- Die konsumierte Sorte steht im Zusammenhang mit dem Budget.
- Die Tageszeit des Konsums variiert in Abhängigkeit vom Stundenplan.

Betawoman, 2015 hat über den Schokoladenkonsum Berliner BWLer die folgenden Erkenntnisse mittels Beobachtung gewonnen.

- Immer wenn der Stresspegel anstieg, stieg die konsumierte Menge Schokolade um mindestens 30% pro Tag.
- Die konsumierten Sorten stehen im Zusammenhang mit der Fachspezialisierung. Kreative Fächer wie Marketing und Kommunikation essen deutlich mehr fruchtige Sorten, Finance und Controlling bevorzugen dagegen herbe Sorten.
- Die Formen des Konsums (Riegel, Praline oder Block) variieren in Abhängigkeit vom Ort des Konsums wie zuhause, in der Vorlesung, in der Bibliothek, auf dem Campus etc...

Ordne die wesentlichen Aussagen/Erkenntnisse den Variablen zu und mache eine Liste davon. Orientiere Dich an den Beispielen. Schreibe die Erkenntnisse aus den Studien schon in der Tabelle als Aufzählung von Aussagen.
Wie Du schnell merken wirst, ist die Auswahl der Studien entscheidend. Es macht keinen Spaß, oberflächliche Studien auszuwerten. Werte daher im Zweifel erstmal weniger aber dafür gute, gehaltvolle und methodisch adäquate Studien aus.

Liste 5: Die Lücken oder offenen Fragen

Lücken im Themenbereich werden oft am Ende von Studien genannt.
ABER: die Bemerkungen dazu sind oft recht allgemein oder die vorgeschlagenen Fragen sind sehr schwer zu beantworten. Die Autoren werden natürlich die einfacheren offenen Fragen für ihre eigenen nächsten Forschungsprojekte aufheben und diese daher eher nicht konkret kommunizieren, sondern nur allgemein...

Beispiel:

- Vorschlag, eine Längsschnittstudie über Variable Alfa zu machen, über 2 Jahre... (klar, dass das nicht leicht ist...)
- Experiment für die Erforschung einer Frage, wie sich das Verhalten in einer bestimmten Konstellation ändert... (sehr sehr schwer, weil sehr aufwändig und ethisch auch bedenklich)

Erwarte also lieber nicht zu viel von den Hinweisen zu offenen Forschungsfragen in den Studien.

Gibt es einen einfachen Trick, um schnell Lücken und offene Fragen zu finden?

Ja, mit den Variablen in der Review Matrix kannst Du die offenen Fragen und damit Forschungslücken finden. Gehe so vor:

Gleiche die Matrix-Variablenliste mit den Variablen in Deiner Keyword-Wolke ab.

- Welche Keywords wurden bisher kaum erforscht?
- Zu welchen Variablen gibt es kaum Studien?

Das sind die Kandidaten für Deine Forschungslücke!
Dann suchst Du noch mal explizit nach Studien zu genau diesen Variablen.

Wie umfangreich muss der Forschungsstand sein?

Dafür gibt es keine Regel. Es hängt von der Fragestellung ab. Klar ist, dass es weniger als 100 Studien sein dürften. Sind es mehr, dann ist die Leitfrage oder Forschungsfrage vermutlich nicht gut genug eingegrenzt. Schau auf typische Metastudien in Deinem Fachgebiet. Etwa 50-80 Studien sind eine typische Zahl.

Woher weiß ich, dass ich mit dem Forschungsstand „durch bin"? Wie viele Artikel sind genug?

Für eine Dissertation müssen es mindestens 50 Artikel sein. Durch bist Du dann, wenn Du wieder Verweise auf bereits vorhandene Studien findest, wenn keine neuen mehr dazu kommen. Das motiviert Dich übrigens auch, zügig durchzukommen. Denn wenn Du länger als zwei Jahre mit dem Thema beschäftigt bist, kannst Du den Forschungsstand vermutlich noch mal komplett neu machen. Also beeile Dich besser.

Wie aktuell muss der Forschungsstand sein? Am Ende muss ich doch sicher noch mal aktuelle Quellen einfügen?

Ja, das ist ein guter Grund, zügig fertig zu werden. Nach 3 Jahren ist ein Forschungsstand obsolet. Du musst auf jeden Fall die Paper der letzten 3 Monate vor der Veröffentlichung einbeziehen. Also, sieh zu, dass Du fertig wirst.

Macht es Sinn, schon am Anfang der Arbeit den Forschungsstand zu schreiben?

Fülle die Tabelle aus. Wenn diese komplett ist, ist das Kapitel zum Forschungsstand schnell geschrieben. Dazu kannst Du die Mikrofragen nutzen.

Wie kann ich den Forschungsstand zügig zusammentragen?

Der schnellste Weg ist der Weg über die Matrix. Fülle sie aus, indem Du die Inhalte gezielt aus den Artikeln filterst.

Das Wichtigste auf einen Blick:

1. Halte Dich an das Schema der 5 Listen.
2. Suche in den Studien immer nach diesen 5 Aspekten.
3. Die 5 Listen sind die Basis für alle folgenden Schritte.

Mögliche „Mini"-Sprints (Änderungen, Ergänzungen):

Ergänze die 5 Listen, sobald Du neue Studien findest.

Sprint 15. Entwirf ein Modell

Warum?	Du willst einen Rahmen und Kompass.
Dein Ziel?	...ist ein Modell-Entwurf für Dein Thema.
Was steht danach NEU im Exposé?	Ein Modell-Entwurf
Dauer	15 - 20 h über 5 Tage

Eine persönliche Geschichte...

Immer wieder kommen zu mir Doktoranden zum Coaching, die schon sehr weit mit der Arbeit sind. Die Theorie ist geschrieben, die Daten sind gesammelt und einige schon sortiert. Aber jetzt kommt die Auswertung und sie sind verloren in Entwürfen und Ideen und Methoden und Daten aller Art. Sie wollen den Text schreiben, aber sind unsicher, wo sie anfangen sollen. Etwas fehlt...

Wir klären das Fehlende, besprechen es und ab da läuft das Schreiben wie am Schnürchen. Das Fehlende ist ein **Modell**. Das Modell ist der Rahmen für alles, von Anfang an. Darin wird das vorhandene Wissen eingeordnet (mit Autoren/Studien), die Lücken werden sichtbar und damit ist auch das Ziel konkret, die Schließung einer solchen Lücke. ALSO: das Modell ist der Kompass für die Arbeit.

Was ist der Zweck eines Modells?

Wir streben nach einem visualisierten Modell, nicht einer langen Textbeschreibung.

- Das Modell gibt einen Überblick der Variablen zu Objekt und Thema (Personen, Aktivitäten etc.).
- Alle wesentlichen Infos sind abgebildet (Merkmale, bekannte Beziehungen etc.)
- Jede Variable und jede Beziehung ist ein Teilmodell, bis ins Unendliche...
- Das Modell erlaubt die Einordnung neuer Studien.

- Ein Modell macht Lücken klar.
- Ein Modell ist der Bezugsrahmen für das Projekt.
- Ein Modell ist für andere relativ leicht nachvollziehbar und daher eine gute Basis für Diskussionen.
- Ein Modell ist das Ziel, nämlich ein Modell mit geschlossener Lücke.
- Ein Modell hilft wunderbar bei Präsentationen.

Aussehen eines Modells

Ein Modell ist entweder ein Text mit Beschreibungen oder eine Grafik aus Boxen = Variable + Pfeile + Text = System. Es kann auch eine Formel sein.

Was ist der Unterschied zwischen Modell und Theorie?

Theorie ist der Oberbegriff zu Modellen. Modelle beschreiben die Zusammenhänge, welche Theorien erklären wollen.

Hier ist eine Übersicht zu Theorie.

Theorie	Nichts ist so praktisch wie eine gute Theorie. (Kurt Lewin)
Definition von Theorie:	Gesicherte Erkenntnisse über einen Ausschnitt der Realität
Funktion von Theorien:	• Erklärung von Phänomenen • Hilfe im Erkenntnisprozess • Bezugsrahmen für Diskussionen mit Betreuenden und KollegInnen • Präsentationsmodul
Anforderungen an Theorie:	Wahr, zuverlässig, prüfbar, falsifizierbar
Elemente einer Theorie:	Modelle, Formeln, Aussagen, Grafiken
Kern einer Theorie:	Relationen zwischen Faktoren/Gegebenheiten
Entstehung einer Theorie:	Frage => Analyse => Erkenntnisse => => Aussagen/Beschreibungen = Theorie

Formen von Theorien:	Ein Modell ist eine Grafik mit Pfeilen Optimal ist ein formaler funktionaler Zusammenhang zwischen zwei Faktoren, ein deterministischer Zusammenhang nach dem Format: wenn... dann... (Beispiel E = mc2) Ausrechenbar = quantitativ Second best: Grafik mit Pfeilen und Aussagen über Zusammenhänge Third best: Beschreibung in einem Text
Entwicklung von Theorien:	Das Ziel einer Theorieentwicklung ist immer die Formalisierung. Damit gelingt die Reduktion auf das Wesentliche. Weglassen ist also die Kunst.
Wo finde ich Theorien?	In Büchern gibt es alte Theorien. In wissenschaftlichen Artikeln gibt es neue Theorien.
Wichtig:	• Theorien fließen. • Sie sind nie fertig, sie entwickeln sich immer weiter. • Sie können falsch sein. • Oder sie sind ein Spezialfall einer größeren Theorie (spezielle und allgemeine Relativitätstheorie)
Probleme der Suche relevanter Theorien:	• Unmengen an Informationen • unzureichende Daten und Datenqualität • unzureichende Methoden der Suche • Engpass bei Ressourcen wie Zeit, Personal, Geld • doppelte Arbeit in der Forschung passiert wegen Wettbewerb und Intransparenz.
Auswahlkriterien für Theorien:	• Relevanz: meine Worte tauchen auf • aussagekräftig: damit lässt sich viel erklären • formal komplett: mit Prämissen, Argumenten, Herleitung, Erklärungen (wenn...dann...) • überprüfbar • noch gültig, also nicht widerlegt
Was kann man mit Theorien machen?	• bestätigen • widerlegen • weiter entwickeln (präzisieren, erweitern, vertiefen, verbinden mit anderen Theorien) • aufgehen lassen in allgemeinerer Theorie • Nutzen für eine eigene Theorie • Seiten füllen in einer Dissertation... • für die Diskussion nutzen • Positionen vergleichen

Woran erkenne ich geeignete Theorien?	• Theorie ist anerkannt • Autor/in ist renommiert (muss aber nicht immer sein!) • Theorie wird oft angewendet • Theorie hat wenige Schwächen • Schwächen sind bekannt • Theorie ist empirisch überprüft • eigenen Faktoren sind darin enthalten • Theorie ist formal ausgearbeitet • Theorie ist praktisch anwendbar • Erfahrungsberichte zur Theorie vorhanden

Wie erstelle ich mein Modell?

Das Modell ist Dein Ticket zum fertigen Text, neben den Daten und den Methoden. Bitte folge diesem Ablauf.

Phase A: Vorbereitung

Die Schritte 1 bis 6 bist Du schon gegangen. Oder gehe sie jetzt, falls noch nicht.

1. Finde erste Begriffe zum Objekt (siehe Sprint 2 und 11)
2. Bilde eine Begriffswolke (siehe Sprint 11)
3. Definiere die Begriffe (siehe Sprint 10)
4. Finde Basis-Modelle mit Deinen Begriffen (siehe Sprint 14)
5. Finde neueste Studien (siehe Sprint 12)
6. Erstelle Liste mit neuen Begriffen (siehe Sprint 14)

Phase B: Modell entwerfen

7. Skizziere Dein Modell mit den Begriffen

Skizziere die Beziehungen zwischen den gefundenen Variablen in den Studien. Nutze dazu Boxen und Pfeile und Linien etc. Gib immer die Quellen an (Petermann, 2012, S. 256). Das ist DEIN Modell-Entwurf. An diesem wirst Du noch viel schleifen. Also ziseliere am Anfang nicht zu lange. Wichtig ist, dass die meisten Variablen drin sind.

8. Ordne Studien in den Modell-Entwurf ein

Schreibe zu den Variablen im Modell die Autoren hin, die sich damit beschäftigt haben, in Kurzform (Jannosch, 2015; Peters, 2011...) Oft bezieht sich das auf den Zusammenhang zwischen zwei oder mehr Variablen. Finde einen Weg, das übersichtlich zu halten. Wenn die Grafik fertig ist, siehst Du die Lücke oft schon mit bloßem Auge.

9. Kennzeichne Lücken = Gap

Suche die Variable oder Variablen, die nicht oder nur von wenigen Autoren beschrieben wurden. Das sind Deine Lücken und damit Deine künftige "Spielwiese". Suche Dir die Variablen aus, die Dich interessieren.

10. Schreibe Lücken in Frageform

Du musst die sichtbaren Lücken definieren und operationalisieren. Formuliere also Fragen in dieser Art: Welche Effekte hat Faktor A12 auf Objekt C14? Aus den Fragen ergibt sich Deine Forschungsfrage. Du musst noch nicht jetzt entscheiden, welche Frage Du wählen wirst, solltest aber schon einen Favoriten haben.
Jetzt ist das Modell komplett,

Hier ist eine Skizze der nächsten Schritte bis zur Beantwortung der Forschungsfrage.

Phase C: Vorbereitung der Forschung = Modell vollenden

11. Definiere Daten für die Lücken-Variable

Definiere die Art der Daten, welche die Variablen und deren Beziehungen beschreiben. Mache das zuerst für die favorisierte Frage und dann als Backup für die anderen.
Beispiel: Welchen Einfluss hat Nachhilfe auf die Rechenfähigkeiten von Grundschülern? Daten sind dann Messgrößen wie Noten in Klassenarbeiten, Zeitdauer für die Lösung bestimmter Aufgaben, Dauer der Nachhilfe, Häufigkeit, Qualifikation des Nachhilfelehrers etc.

12. Suche passende Datenquellen

Suche nach den Datenquellen. Im Beispiel mit der Nachhilfe wären das Nachhilfelehrer, Nachhilfeschüler und Mathe-Lehrer. Aber auch Eltern kämen in Betracht. Definiere sorgfältig die Stichprobe (Sample). Ein Sample wären zum Beispiel 35 Grundschüler ohne Migrationshintergrund (wegen Faktor Sprache) in der 3. Klasse von normalen Schulen in einem Schulbezirk (wegen einheitlichem Lehrplan).
Du musst die Eignung der Datenquellen bewerten und die besten Datenquellen oder die beste Quelle wählen. Dummerweise ist es oft ausgesprochen mühselig, überhaupt Probanden zu finden. Da darf man offenbar nicht wählerisch sein...

Bitte mache Dir spätestens an dieser Stelle des Projektes klar, dass Deine Ergebnisse ohne ein sauber definiertes Sample zweifelhaft oder sogar unbrauchbar sind. Die KollegInnen Wissenschaftler sind da unerbittlich. Passe lieber Deine Lücke, Variable oder Forschungsfrage an, statt dubiose Datensammlungen zu analysieren.

13. Wähle Datenerhebungs-Methoden

Liste potenzielle Methoden der Datenerhebung auf wie Umfrage, Befragung von Experten in Interviewform, Beobachtung, Dokumentenanalyse, Datenanalyse und weitere.

Du musst die Methoden aus Sicht Deiner Frage bewerten. Kriterien sind Objektivität (Unabhängigkeit der Ergebnisse), Validität (Wird die gesuchte Variable gemessen oder erhoben?), Reliabilität (Wird richtig gemessen oder erhoben? formale Genauigkeit). Liste auf, was Du an den Objekten messen oder protokollieren und erheben kannst.

Beispiel: die Noten, die Dauer von Aufgaben oder Nachhilfe, Frequenzen, Erfahrung der Nachhilfelehrer

Hier ist etwas Kreativität gefragt. Aber wenn es Dein Themenfeld ist, gelingt es. Wähle die passende Methode, mit der Du die Daten erheben kannst. Skizziere schon JETZT in Stichworten die Schrittfolge zur Erhebung der Daten. Das ist eine gute Übung. Denn Du musst den Prozess der Erhebung sowieso dokumentieren, genauso wie die Bewertung der potenziellen Methoden.

14. Wähle die Methoden der Datenanalyse

- Ermittle die Methoden.
- Finde Kriterien für die Bewertung.
- Bewerte die Methoden.
- Wähle die passende Methode.
- Dokumentiere den Prozess der Bewertung.

15. Sammle die Daten

- Erhebe die Daten.
- Digitalisiere sie.
- Lege sie sorgfältig ab.

16. Analysiere die Daten

- Führe die Datenanalyse durch.
- Dokumentiere jeden Schritt.
- Mache Notizen zu den Ergebnissen.

17. Erstelle das finale Modell

- Baue Deine Erkenntnisse in den Modell-Entwurf ein.
- Ordne die Ergebnisse den Lücken im Modell zu.
- Beschreibe die bisher nicht beschriebenen Beziehungen.
- Verbinde die Erkenntnisse mit den anderen Elementen im Modell.

Wie komme ich mit der Komplexität von Modellen zurecht?

Modelle sind komplex weil:

1. die Autoren verschiedene Schwerpunkte setzen,
2. Autoren mit verschiedenen Begriffen und Definitionen arbeiten,
3. es viele Lücken gibt, weil vieles noch nicht beschrieben ist,
4. sich Modelle mit neuen Erkenntnissen weiterentwickeln und ergänzt werden,
5. es viele Faktoren gibt, moderierende Variable, Zielvariable, Störfaktoren etc. und
6. Faktoren schwer zu isolieren sind.

Hier sind Ansätze zur Beherrschung der Komplexität:

- Mache Dir von Anfang an klar: Iterationen (Überarbeiten, Wiederholungen, Schleifen) sind notwendig und KEIN ÜBEL. Es geht nicht anders.
- Fange mit anerkannten Modellen an, damit Du eine Basis hast.
- Fange auf jeden Fall schon früh mit einem eigenen Entwurf an, auch wenn Du noch nicht viele Inhalte im Modell hast.
- Male, vielleicht mit smartem Stift auf smartem Tablet (Apple Pencil und ipad...)
- Besprechen mit anderen hilft und dabei vortragen.
- Brainstormings helfen.
- Wahrscheinlicher und kaum vermeidbarer Weg: Entwerfen, lesen, ergänzen, lesen, notieren, lesen, überarbeiten, lesen, radikal verändern etc.

Das Wichtigste auf einen Blick:

1. Das Modell ist Deine Klammer für das Projekt. Arbeite sorgfältig!
2. Belege alle Variablen mit Studien. Dann kann Dir nichts passieren.

Mögliche „Mini"-Sprints (Änderungen, Ergänzungen):

Verfeinere das Modell, je weiter Du voranschreitet. Die Lücken im Modell zu füllen ist die Hauptaufgabe. Das fertige Modell ist DAS Ergebnis der Arbeit.

Sprint 16. Definiere Deine Forschungslücke

Ich weiß, dass ich nichts weiß. Sokrates

Warum?	Du willst eine passende Forschungslücke.
Dein Ziel?	...ist eine Forschungslücke, die Du schließen kannst.
Was steht danach NEU im Exposé?	Zwei bis vier Kandidaten für die Forschungslücke
Dauer	10 - 15 h über 4 Tage

Was kann ich denn an einem Objekt untersuchen?

Mögliche Fragestellungen und Lücken lassen sich mit dem Themen-Fokus finden:

1. Status des Objekts:

- die Elemente oder Bestandteile des Objekts,
- die Arbeitsweise oder Funktionsweise,
- die Attribute des Objekts,
- Probleme, Herausforderungen, Stärken, Schwächen in Bezug auf ein Element.

2. Relationen des Objekts:

- seine Stellung im System (Bedeutung/Rolle für andere Objekte aller Art),
- die Ursachen für den Zustand des Objekts,
- Faktoren mit Einfluss auf das Objekt,
- die Interaktion mit der Umwelt etc.

3. Evolution des Objekts:

- die Entwicklung des Objekts (Evolution, Etappen),
- die Perspektiven der Entwicklung.

Wie finde ich die Forschungslücken?

- Schau im Modell nach Variablen, welche noch nicht so intensiv erforscht sind.

- Schau in Deinem Modell auf die behandelten Variablen und Zusammenhänge.
- Welche Variablen sind wenig behandelt? = wenige Erwähnungen in Forschungsfragen der Paper (Warum nicht? Datenerhebung schwer, Sample schwer erreichbar, spezielle Methoden, wenig praxisrelevant etc.)

Siehe Liste 5 aus Sprint 14: die Lücken oder offenen Fragen
Gehe die Liste der Lücken aus dem Review durch.
Überlege Kriterien der Auswahl wie Interessant, relevant, inhaltlich und methodisch machbar, zeitlich beherrschbar, Zugang zu Methoden und Daten, Spaß kommt nicht zu kurz etc.
Wähle eine Lücke (= Variable) als A-Variante und in deren Nähe eine B-Variante.

Das Wichtigste auf einen Blick:

1. Die Forschungslücke musst Du unbedingt operationalisieren, damit Du Daten finden kannst.
2. Sei Dir sicher, dass die Lücke passt und halte alternative Lücken in der Nähe der gewählten Lücke bereit.

Mögliche „Mini"-Sprints (Änderungen, Ergänzungen):

Die gewählte Lücke sollte sich nicht mehr grundlegend ändern. Aber in der Lücke können sich noch viele neue Details ergeben. Das zeigt sich bei der Datensuche.

Sprint 17. Formuliere Forschungsfragen und Detailfragen

Warum?	Du willst EINE Leitfrage für die Dissertation.
Dein Ziel?	...ist eine ausformulierte und operationalisierte Forschungsfrage und dazu Detailfragen.
Was steht danach NEU im Exposé?	Forschungsfrage mit Detailfragen und das Ziel als erwartete Resultate und Erkenntnisse der Arbeit
Dauer	10 - 15 h über 4 Tage

Was ist eine Forschungsfrage?

Die Forschungsfrage ist die formalisierte Wissenslücke, die Frage nach fehlendem Wissen. Die allgemeine Form lautet:

Welche Aussagen lassen sich über das Objekt XY formulieren, im Hinblick auf das spezielle Interesse an diesem Objekt?

Nehmen wir Beispiele:

Für das Thema „IT Risiken in Banken“ ergibt sich die Forschungsfrage:

- „Welche Rolle spielen welche IT Risiken in Banken?“

Weitere Forschungsfragen zu Themen sind zum Beispiel:

- Welche Präferenzen haben Ebook-Käufer im Internet?
- Welche Trends gibt es aktuell in der Modeindustrie?

Die Antworten beschreiben relevante Eigenschaften, Aspekte und Gegebenheiten. Die Forschungsfrage ist auf das Forschungsproblem ausgerichtet, also auf die Wissenslücke. Das Problem ist die Wissenslücke. Bei dem Bankenthema fehlt eine systematische Übersicht von IT Risiken in Banken. Das ist in Wirklichkeit natürlich nicht so absolut zu sagen. Denn bestimmt gibt es irgendwo solche Analysen. Aber sie sind meist nicht zugänglich oder veraltet.

Wie ist eine Forschungsfrage aufgebaut? Was ist eine Operationalisierung?

Gehen wir noch tiefer, in einem Beispiel für eine Forschungsfrage.
Hier ist eine einfache und typische Frage: *Warum kaufen Menschen Fach-Ebooks?*
Die Frage klingt logisch und vernünftig und interessant und komplett. ABER: das ist noch keine zufriedenstellende Formulierung. Warum nicht? Was fehlt? Die Operationalisierung fehlt. Du willst wissen, WAS genau die Menschen dazu motiviert, Fach-Ebooks zu kaufen. Außerdem gibt es ja auch nicht DIE Menschen. Es gibt immer bestimmte Menschen, Gruppen von Menschen mit bestimmten Merkmalen.
Das muss alles in die Forschungsfrage hinein. Schauen wir uns das genauer an.

1. WARUM? - Du musst das Fragepronomen übersetzen und konkretisieren mit: *„Welche Motive haben Fach-Ebook-Käufer?“*
2. MENSCHEN – wir müssen das ebenfalls konkretisieren: *„Welche Motive haben ausgewählte Gruppen von Menschen mit bestimmten soziodemografischen Merkmalen, bestimmte Fach-Ebooks zu kaufen?“*

Gehe also in diesen zwei Stufen an die Aufgabe heran:
Forschungsfrage Stufe 1: aus der Praxis oder Alltagserfahrung, global formuliert
Forschungsfrage Stufe 2: verfeinert, konkretisiert, operationalisiert
Ein Beispiel für eine zufriedenstellende Forschungsfrage für die Motive der Ebook-Käufer lautet:
Welche Motive haben Nachwuchsführungskräfte in internationalen Service-Unternehmen, Fach-Ebooks über Personalführung zu kaufen?

Noch ein Beispiel:
Stufe 1: *Wie hat sich die Finanzkrise 2008 entwickelt?*
Stufe 2: *Welche Phasen der Entwicklung und Eskalation mit welchen Charakteristiken weist die Finanzkrise 2008 auf? Welche Veränderungen weisen ausgewählte volkswirtschaftliche Größen oder Variable in diesen einzelnen Phasen auf?*

Oder:
Stufe 1: *Warum verzögern sich Projekte?*
Stufe 2: *Welchen Anteil haben ausgewählte Faktoren an der Verzögerung von XY-Projekten im Bereich ABC?*

Die fehlende oder unvollständige Operationalisierung der Forschungsfrage ist ein wesentlicher Grund für Probleme und Verzögerungen in Forschungsprojekten. Damit die Operationalisierung besser gelingt, sind hier noch weitere Übungen. Versuche, die folgenden Aussagen als Ausgangspunkt für Forschungsfragen zu nutzen und operationalisiere die Fragen dazu:

- Akademiker sind klug.
- Kinder lieben Musik.
- Ebook Leser wissen mehr.
- Ebook Leser sind schlagfertiger.
- Ebook Leser haben klügere Kinder.

Welche Fragen lassen sich zu einem Objekt formulieren?

Eigentlich unendlich viele, weil die Wirklichkeit so vielgestaltig und komplex ist. Nehmen wir Beispiele:

Digitalisierung: Welche Prozesse? Welche Erfahrungen? Welche Risiken? Etc.

Stress: Welche Faktoren? Ursachen? Therapien? Bewältigung?

Social Media: Welche Zielgruppen? Kanäle? Tools? Produkte? Best Practices? Metriken?

Beispielthemen	Forschungsfrage
Die Entwicklung des Ebook-Marktes in Deutschland seit 2005 – eine systematische Analyse	Wie hat sich der Ebook-Markt in Deutschland seit 2005 entwickelt?
Lernprobleme von Kindern mit Migrationshintergrund - eine systematische Analyse	Welche Lernprobleme haben Kinder mit Migrationshintergrund?
Präferenzen von Ebook Käufern im Internet - eine systematische Analyse	Welche Präferenzen haben Ebook Käufer im Internet?
IT Risiken in Banken - eine systematische Analyse	Welche IT Risiken gibt es in Banken und welche Rolle spielen sie?
Fachkräftemangel in der Maschinenbau-Branche- eine systematische Analyse	Welche Rolle spielt der Fachkräfte-mangel in der Maschinenbau-Branche und welche Folgen hat er?

Beispielthemen	Forschungsfrage
Geldpolitische Herausforderungen der Euro-Krise- eine systematische Analyse	Welche geldpolitischen Herausforderungen erzeugt die Euro Krise?
Auswirkungen der aktuellen umsatzsteuerpolitischen Maßnahmen auf die Einkommensverteilung - eine systematische Analyse	Welche Auswirkungen haben die aktuellen umsatzsteuerpolitischen Maßnahmen auf die Einkommensverteilung?
Chancen von Elektroautos für Autovermietungen - eine systematische Analyse	Wie entwickeln sich die Chancen von Elektroautos für Autovermietungen?
Trends in der Modeindustrie - eine systematische Analyse	Welche Trends sind in der Modeindustrie sichtbar und welche Rolle spielen sie?
Wirtschaftliche Interessen der Mercosur-Staaten - eine systematische Analyse	Welche wirtschaftlichen Interessen verfolgen die Mercosur-Staaten?
Neuere Entwicklungen in der Nanotechnologie - eine systematische Analyse	Welche neueren Entwicklungen gibt es in der Nanotechnologie?

Wie komme ich zu meiner Forschungsfrage?

1. Muster einer Forschungsfrage anschauen

Die allgemeinste Formulierung einer Forschungsfrage lautet:
Welche Aussagen lassen sich über das Objekt XY formulieren?

2. Brainstorming einer Liste detaillierter Fragen

- kleinere Fragen, praktische Fragen in Alltagssprache,
- auf Faktoren ausgerichtet,
- sortieren nach Hauptfragen,
- Verwendung von Mindmaps ist sinnvoll.

3. Bewerte potenzielle Forschungsfragen

- relevant,
- interessant,
- machbar = gute Grundlagen mit Modellen = vorherige Erforschung der Faktoren

4. Simuliere den Forschungsprozess

Leitfrage: Was müsste ich tun, um die Fragen zu beantworten?

- Modell bauen,
- Methoden festlegen,
- Methoden anwenden = Messen, Erheben, Auswerten,
- Schlussfolgerungen ziehen und Lücke im Modell schließen.

Detailfragen

Was sind Detailfragen?

Detailfragen sind Fragen, welche die Forschungsfrage in kleinere Fragen zerlegen. Die Antworten auf die Detailfragen beantworten letztlich die Forschungsfrage.

Beispiel-Thema: *"Social Media Verhalten von Kunden von Schokoladen-Firmen"*
Forschungsfrage: *Welche Charakteristika weist das Social Media Verhalten von Kunden von Schokoladen-Firmen auf?*

Antworten auf die folgenden Detailfragen beantworten die forschungsleitende Frage:

- Für welche Ziele und Zwecke nutzen Kunden von Schokoladen-Firmen welche Social Media Plattformen? - (Kontakte, Infosuche, Lernen etc.)
- An welchen Orten nutzen die Kunden welche Social Media Plattformen? - (Zu Hause, Schule, Uni etc.)
- Wie oft nutzen die Kunden Social Media Plattformen pro Woche? - (mehrmals am Tag, 3-mal pro Woche etc.)
- Auf welchen Geräten nutzen die Kunden welche Social Media Plattformen? - (PC, Tablet, smartphone etc.)
- Welche Social Media Plattformen nutzen sie wie häufig pro Tag oder Woche?

Wie das Beispiel zeigt, sind die Antwortvarianten schon in der Frage angelegt.

Das Wichtigste auf einen Blick:

1. Die Forschungsfrage ist der Kompass der Arbeit. Sie muss richtig formuliert sein.
2. Die Detailfragen sind immer schwierig. Es gibt viele Varianten. Sie werden Dir mit der Zeit klarer. Hänge sie ausgedruckt an die Wand!
3. Die Detailfragen sind die Gliederungspunkte in Deinem Ergebniskapitel. Kümmere Dich daher sorgfältig um sie.

Tipp: Online-Tool für die Leitfrage

Mache den **Themen-Trip**
Formuliere und prüfe Thema, Leitfrage, Ziel und Aufgabe

Aristolo.com

Mögliche „Mini"-Sprints (Änderungen, Ergänzungen):

Prüfe unterwegs immer wieder die Detailfragen. Komme darauf zurück, wenn Du Entscheidungen über Methoden, Daten, neue Studien, Auswertungen etc. treffen musst.

Sprint 18. Präsentiere Thema und Forschungsansatz

Warum?	Du willst grünes Licht.
Dein Ziel?	...ist die Zustimmung zu Thema und Forschungsfrage von den Betreuern.
Was steht danach NEU im Exposé?	Thema auf dem Deckblatt und Liste von Fragen
Dauer	15 - 20 h über 4 Tage

Wie präsentiere ich mein Thema und den Forschungsansatz?

Erstelle einen Vortrag, schon mit Blick auf die Verteidigung. Diese Inhalte solltest Du darstellen und erläutern:

- Deine Interessen,
- Deine Erfahrungen im Forschungsgebiet,
- Deine bisherigen Schritte (Review, Modelle etc.),
- Dein Zugang zu Daten,
- Deine Modelle und Deinen Modell-Entwurf,
- Mögliche Methoden auf Basis des Reviews,
- Deine Forschungsfrage und Detailfragen.

Umfang: 10 Folien für 10 bis 15 Minuten Vortrag

Tipps für den Vortrag

- Betrachte den Vortrag als Chance, Dir über das Thema und den Ansatz selbst klarer zu werden.
- Fasse Dich kurz und halte Dich an die Fakten.
- Große Schrift, wenig Text, Stichworte zum Erzählen.
- Verweise auf Studien wo immer möglich.
- Vergewissere Dich, dass Deine Darstellung von den Betreuern verstanden werden.
- Übe den Vortrag, als ob es um etwas sehr Wichtiges geht, denn das tut es.

Kann ich dem Betreuer nicht einfach das Thema und die Forschungsfrage senden und um Feedback bitten?

Klar geht das. Aber ein kurzes Feedback ist eben nicht so aussagekräftig. Du bist selbst noch voller Fragen und vielleicht sogar Zweifel. Da ist es besser, den Betreuern „in die Augen zu schauen". Wenn ein Vortrag nicht geht, dann sende den Plan und telefoniere anschließend. Gehe die Punkte durch und erläutere Deine Entscheidungen. Du brauchst "Grünes Licht".

Das Wichtigste auf einen Blick:

1. Die Präsentation ist in erster Linie für Dich, für Deine Klarheit. Nutze sie dazu.
2. Mache einen Vortrag, auch wenn es nicht verlangt wird. Das ist eine gute Übung.
3. Sei selbstbewusst, weil Du gut vorbereitet bist.
4. Frage die Betreuer nach konkretem Feedback.
5. Die Inhalte im Vortrag sind schon Teil der Verteidigung!!! Welche Freude!

Mögliche „Mini"-Sprints (Änderungen, Ergänzungen):

Verfeinere Thema und Forschungsansatz im Projekt. Aber ändere sie nicht mehr radikal.

Sprint 19. Schreibe den Kontext

Warum?	Du willst das Thema aus aktuellem Wissen ableiten.
Dein Ziel?	...ist eine lückenlose und belastbare Ableitung Deiner Forschungsfrage aus aktuellen Studien.
Was steht danach NEU im Exposé?	Ausgangssituation mit Objekt, Fokus, Kontext für die Einleitung
Dauer	15 - 20 h über 4 Tage

Wie schreibe ich den Kontext?

Beantworte diese 5 Fragen

Frage 1: Welche Aussagen zum Thema sind allgemein und auch anerkannt?

Frage 2: Was ist das eigentlich, worüber ich schreibe? Wie lautet die Definition?

Frage 3: Was ist ein echtes Problem im Zusammenhang mit dem Kern des Themas? Was spielt alles eine Rolle dabei?

Frage 4: Was gibt es bereits für Erkenntnisse in der Literatur?

Frage 5: Welcher Aspekt ist für mich und meine Arbeit interessant?

Der Kontext für ein Beispiel-Thema mit Schokolade:

Thema: Auswirkungen von Schokoladenkonsum auf die Motivation von Studenten - eine empirische Analyse

1. Die Ausgangswahrheiten

Frage 1: Welche anerkannten Aussagen zu Schokolade und Motivation von Studenten gibt es?

Die Aussagen müssen nicht unbedingt zusammen auftreten. Das ist ja gerade die offene Frage der Arbeit. Aber es gibt viel über Schokolade einerseits und Motivation von Studenten andererseits. Also teile das Thema auf.

2. Die Definitionen

Frage 2: Wie lautet die Definition der Begriffe Schokolade, Student und Motivation? Nimm nur anerkannte Quellen wie Fachbücher und Studien. Baue sofort Quellenverweise ein.

3. Die Wissenslücke

Frage 3: Was ist ein echtes Problem bei der Motivation von Studenten? Welche Faktoren spielen dabei eine Rolle, in positiver oder negativer Hinsicht? Was wollen wir darüber wissen?
Drücke das Problem in Form einer Wissenslücke aus. Was wollen wir wissen? Welches Wissen fehlt? Formuliere passenden Fragen dazu.

4. Studienüberblick

Frage 4: Was gibt es bereits für Erkenntnisse in der Literatur über die Wirkung von Schokolade und Schokoladenkonsum auf die Motivation von Studenten oder auch andere Menschen wie Schüler, Trainees etc.?

Du musst nur ein bis zwei Sätze pro Studie bringen. Hier sind Beispiele:
Hansemann (2012) untersuchte die Folgen von Konsum der Schokoladensorten Hell und Dunkel bei Berufsschülern in der Schweiz. Dazu wurden empirische Daten an fünf Berufsschulen erhoben und ausgewertet.
Petranka (2010) analysierte den Zusammenhang zwischen A und B bei X und Y Gruppen im Land Z... Die empirische Analyse fokussierte auf die Merkmale A1 und B2...
Blusky (2015) führte eine Studie zu Risiken des übermäßigen Konsums von Schokolade bei Mitarbeitern in einer Schokoladenfabrik durch. Dabei standen zwei Gruppen von Mitarbeitern und zwei Sorten von Schokolade im Fokus...

5. Die Forschungsfrage

Frage 5: Welcher Aspekt ist aus dem Themenkreis Wirkung von Schokolade und Schokoladenkonsum auf die Motivation von Studenten für diese Arbeit interessant? Wie lautete die Forschungsfrage?

Die Forschungsfrage sollte jetzt schon ziemlich konkret und sogar final sein. Halte Dich an das Schema.

Schreibe die Antworten auf diese Fragen auf und Du wirst klarer sehen, ob Dein Thema das richtige ist.

Was mache ich bei Schwierigkeiten mit dem Schreiben des Kontexts?
Wenn Du unterwegs merkst, dass es viele Lücken in Deinen Materialien oder auch Deiner Argumentation gibt, dann schließe sie entweder durch Wiederholung der Schritte für das Exposé oder ändere Deinen Themen-Ansatz. Bestimmt lässt sich in der Nähe Deines jetzigen Ansatzes etwas finden. Aber sei kritisch: Notlösungen taugen nicht dafür, Dich zwei bis drei Jahre zu motivieren.

Welche Quellen brauche ich für meinen Kontext?
Arbeite nur mit anerkannten Fachbüchern für die Definitionen und mit Studien für den Überblick zum aktuellen Forschungsstand. Du kannst Dich natürlich von anderen Quellen wie Interviews oder Präsentationen inspirieren lassen. Wenn Du aber zum Thema kaum etwas in seriösen Quellen findest, dann hast Du noch kein Thema. Dann suche entweder noch mal oder gehe besser zurück zur Themenfindung.

Wie kann ich das Schreiben abkürzen?
Nimm ein Programm zur Spracherkennung wie Dragon Naturally Speaking. Damit kannst Du viel schneller schreiben als mit der Hand.
Du kannst den Kontext auch als Vortrag ausarbeiten und dann mit Diktier-App aufnehmen und abschreiben. Das ist auch eine bewährte Turbo-Technik.

Wie umfangreich muss der Kontext sein?
Etwa 3 bis 5 Seiten reichen aus. Mehr sollten es auf keinen Fall sein. Wenn Du Dich an die Fragen hältst, dann werden es auch nicht mehr Seiten.

Das Wichtigste auf einen Blick:

1. Das Kontextschreiben zwingt Dich, auf den Punkt zu kommen, die Forschungsfrage richtig zu belegen und zu fundieren. Das gibt Dir Sicherheit.
2. Verwende von Anfang an seriöse Quellen wie Studien. Das macht alles leichter.
3. Der Kontext sind die ersten Wörter, Zeilen, Absätze und Seiten der Dissertation. Sie kommen komplett in die Einleitung. Feiere das gebührend!

Mögliche „Mini"-Sprints (Änderungen, Ergänzungen):

Überarbeite den Kontext erst am Ende, wenn Du alles geschafft hast. Wenn Du allerdings den Fokus ändern musst, dann wirst Du den Kontext noch mal neu schreiben müssen.

MEILENSTEIN 3: Forschungsdesign und Exposé sind fertig!

MEILENSTEIN 3: Design und Exposé sind fertig!

Warum?	Du willst wissen, wie Du zum Ziel kommst.
Dein Ziel?	... sind das Forschungsdesign und das Exposé.
Was steht danach NEU im Exposé?	Das Exposé ist komplett
Dauer	171 h ca. 21 Arbeitstage

Sprint 20. Wähle die Datenbasis

Warum?	Du willst die passenden Daten und Quellen kennen.
Dein Ziel?	...ist eine Liste potenzieller Datenquellen.
Was steht danach NEU in meinem Exposé?	Die Datenbasis ist im Exposé beschrieben, wer, wo, wann, wie Daten erheben etc.
Dauer	20 - 25 h über 7 Tage

Was ist mit Daten gemeint?

Daten sind Informationen über relevante Objekte des Themas. Streng genommen sind das somit sämtliche Aussagen, Beschreibungen, Darstellungen, Messergebnisse, Erkenntnisse über ein Objekt (egal welcher Art). Dazu gehören dann auch

Informationen und Texte. Das ist die weitere Sichtweise. ABER: in der Forschung werden Daten in der Regel als Informationen verstanden, welche erhoben oder gesammelt und bisher noch nicht auf die eigene Frage hin untersucht wurden. Das ist die engere Sichtweise.
Folgen wir der weiteren Sichtweise, können wir auch Argumente aller Art aus schriftlichen Quellen wie Studien einbeziehen. Eine Meta-Studie verfolgt ja genau diesen Ansatz, Filtern und Klassifizieren von Inhalten in Studien.
Wir werden daher der weiteren Sichtweise folgen, weil damit auch die Auswertung schriftlicher Quellen einbezogen ist.

Was sind perfekte Daten?
Perfekt sind Daten, wenn sie genau zu Deinem Objekt passen und Deine Frage beantworten können. Wenn Du zum Beispiel wissen willst, welche Kenntnisse Ebook-Leser haben, dann wäre zum einen eine umfassende Übersicht der individuellen Ergebnisse in allen Leistungstests von Fortbildungsveranstaltungen in den letzten 5 Jahren ideal oder perfekt. Dazu brauchst Du andererseits nur noch eine komplette Liste aller gekauften Ebooks und eine lückenlose Datensammlung aller Lesezeiten pro Buch. Dann ist Deine Datensammlung PERFEKT. Dir ist natürlich klar, dass das praktisch nicht gehen wird, allein schon aus Datenschutzgründen... ABER: mit neuen Sensoren für Autofahren, Training und Bewegung (smartwatches) und weiteren Erfassungsinstrumenten wie Kassen, Online-Trackern etc. wird es immer realistischer, solche umfangreichen und praktisch lückenlosen Daten zu erhalten.
Die Beispiele für perfekte Daten zeigen eines deutlich: definiere schon am Anfang so präzise wie möglich, welche Aspekte Dich interessieren und daher im Fokus stehen sollen. Davon hängt die benötigte Datenqualität ab.

Was ist die Operationalisierung von Daten?
Operationalisiert heißt: Die Daten über ein Objekt sind erhebbar. Sie sind als konkrete Anweisung für die Erhebung formuliert. Beispiel: Wie viele km pro Jahr gefahren?

Beispiel: Lesegewohnheiten von Ebook-Lesern
Der Ebook-Leser ist eine Datenquelle. Wir brauchen von ihm Daten über seine gelesenen Ebooks, seine Lesezeiten, seine Geräte, die Inhalte etc. Diese Daten sind sehr nahe an der Forschungsfrage.

Was ist eine perfekte Datenquelle?

Eine Datenquelle sollte so nahe wie möglich am untersuchten Objekt selbst sein. Hier ist ein Beispiel zu Ebook-Lesern:
Die Ebook-Kaufhistorie einer Person ist besser als die Liste der Ebooks auf dem Tablet. Aber die Tablet-Liste ist besser als eine Aufzählung der Ebook-Titel aus dem Kopf. Doch diese Aufzählung der Ebook-Titel aus dem Kopf ist besser als eine ungefähre Angabe, welche Art von Ebooks jemand mag. Und diese ist immer noch besser als die Mitteilung eines Freundes oder Familienmitglieds über die möglichen Vorlieben des Probanden in Bezug auf Ebooks.
Die Aufzählung zeigt, dass man seltenst an die perfekte Quelle kommt. Oft sind Kompromisse nötig. Umso wichtiger ist eine frühzeitige Sicherstellung des Zugangs zu Daten.

Wie vergleiche ich die potenziellen Datenquellen?

Anhand dieser entscheidenden Frage: Wie nahe sind die Daten den gesuchten Informationen/Variablen über ein Objekt? Die Antworten hängen vom Daten-Typ ab.

Experten-Interview:

- Experten weisen einen bestimmten Umfang an Erfahrungen mit untersuchten Variablen und Faktoren auf (15 Jahre im Verlagsgeschäft, wenn es um Ebooks geht).
- Experten sind verfügbar und bereit zur Teilnahme (Zusage muss verlässlich sein).
- Experten haben die Erlaubnis, ihr Wissen zu teilen.

Fragebogen-Umfrage

- Die Teilnehmer weisen weitestgehend die geforderten relevanten Merkmale der Zielgruppe auf.
- Die Teilnehmer sind erreichbar.
- Die Daten lassen sich mit einem Fragebogen erheben, weil die Zielgruppe die Fragen verstehen und beantworten kann.
- Es gibt genug Teilnehmer mit relevanten Merkmalen in der ausgwählten Zielgruppe, so dass statistisch signifikante Ergebnisse erwartet werden können.

Daten aus Datenbanken

- Die Daten beschreiben konkrete Attribute von Variablen (Lesezeiten = Menge des konsumierten Wissens).
- Die Vollständigkeit der Daten ist gewährleistet (wie viele Messdaten sind vorhanden relativ zu ALLEN vorhandenen oder erhebbaren Messdaten UND reichen diese, um signifikante Ergebnisse zu erhalten).
- Die Erreichbarkeit der Daten ist unter Kontrolle (Teure Datenbanken könnte man nutzen, wird man aber vermutlich nicht. Also ist Ersatz nötig.).
- Die Kosten der Beschaffung oder Erhebung der Daten halten sich im Rahmen.

Schriftliche Quellen

- Am besten sind seriöse Quellen wie Studien.
- Argumente im Text müssen für die Frage relevant sein.

Was sind Stichproben?

Stichproben sind Teilmengen der untersuchten Datenquellen/Datenträger.

Was sind Datenträger? Wie lassen sich diese systematisieren?

Datenträger sind Objekte mit Informationen über Variable mit Bezug zum Untersuchungsgegenstand. Solche Objekte können Personen wie Experten sein oder einfach Objekte aller Art. Die Daten müssen mit bestimmten Methoden gewonnen werden.

Systematik von Samples nach Merkmalen:

- Personen (mit Dutzenden soziodemografischen Merkmalen)
- Objekte (materielle, immaterielle, technische, soziale, natürliche mit unendlich vielen Attributen)

Was sind relevante Aspekte für die Bestimmung der Datenbasis (Sample)?

- Wer oder was ist das Objekt?
- Varianten des Samples/der Objekte,
- Homogenität der Objekte,
- Variablen und Faktoren,
- Messung und Dimension der Variablen.

Auswahlkriterien für Datenquellen:

- Hat das Subjekt/Objekt die Informationen?
- Können die Objekte/Teilnehmende diese Daten weitergeben?
- Wollen die Teilnehmer diese Daten weitergeben?
- Die Gruppe ist definierbar, abgrenzbar, beschreibbar.
- Die Daten sind erhebbar.
- Der Zugang zu Objekten/Teilnehmenden ist möglich.
- Relativ hohe Homogenität der Daten ist gesichert.
- Das Sample ist schon in der Literatur beschrieben.
- Es gibt möglichst wenige Störfaktoren bei der Erhebung.

Zugang zu Objekten oder Teilnehmenden

- Ansprache direkt über Telefon, E-Mail, persönliches Treffen ist möglich.
- Ansprache über eine Vermittlung/Empfehlung ist besser (warmer Kontakt).
- Anonymität ist mitunter wichtig für Gespräche, Interviews, Beobachtung, Fragebogen.

Erhebung

- Definition der notwendigen Daten aus dem Modell,
- Operationalisierung (Größe, Dimension, Einheit),
- Messvorrichtung,
- Messvorgang,
- Dokumentation oder Protokollierung der Daten,
- Aufbereitung der Daten (Transkription),
- Auswertung der Daten: Verdichtung, Kategorien Bildung etc.
- Zusammenhang mit dem Modell.

Probanden oder Objekte der Untersuchung finden

Wer	Merkmale/Probleme	Wo zu finden	Wie ansprechen
Probanden Fragebogen	Menschen mit relevanten Merkmalen, gibt meist sehr viele, Interesse zu wecken oft schwierig, geringe Rücklaufquote	Online-Netzwerke, auf der Straße, Bekannte aller Art	Anschreiben kurz und motivierend, Gutscheine (25 €, Amazon o. ä.) verlosen, sich empfehlen lassen durch Freunde, Familie
Probanden Interview	Menschen mit relevanten Merkmalen, sorgfältige Auswahl, Bereitschaft, hoher Zeitaufwand	Online-Netzwerke, auf der Straße, Bekannte aller Art	Telefonieren, Anschreiben kurz und motivierend, sich empfehlen lassen durch Freunde, Familie, Respektspersonen wie Chef, Lehrer, Berater etc.
Probanden Beobachtung	Menschen mit relevanten Merkmalen, sorgfältige Auswahl, Bereitschaft, sehr hoher Zeitaufwand	Online-Netzwerke, auf der Straße, Bekannte aller Art	Am besten über Empfehlungen oder Respektspersonen wie Lehrer oder Therapeut oder Chef o. ä.
Experten	Wissen viel zum Thema, lange im Geschäft, viele Projekte	Online-Netzwerke wie Google+, Xing, Linkedin, Institute, Verbände	Telefon, Email, persönlich, nicht um Hilfe betteln, sondern als Kollege betrachten (SIE werden auch gerade Experte), neue Erkenntnisse in Aussicht stellen,

Orte zum Finden von Experten:

Netzwerk	Merkmale	Vorteile	Nachteile
Xing, Linkedin	Linkedin.com, Xing.com, Netzwerke, gut für Experten	Meist seriöse Kontakte, Klarnamen, durchsuchbar, sortiert, Themengruppen sichtbar, Empfehlungsgeber und Multiplikatoren	Premiumkonto nötig für Details, Resonanz unsicher, nicht anonym, beschränkte Mitgliederzahl
Facebook	www.facebook.com, Netzwerk, viele Leute, gut für Probanden	Größtes Netzwerk, viele Mitglieder, kostenlos, virale Kampagnen möglich, kaum Barrieren, durchsuchbar, Verlinkungen zu weiteren Kandidaten	Wenige Suchkategorien, wenig Struktur, wenig übersichtlich, wenige Suchergebnisse, viele Ergebnisse nicht sichtbar
Google+	plus.google.com, eher professionelles Netzwerk, für Probanden und Experten	Verlinkungen zu ähnlichen Probanden, gut durchsuchbar, sehr übersichtlich, Nutzung durch Institute/Verbände	noch wenig verbreitet in Deutschland, Konto nötig
Twitter	www.twitter.com, Netzwerk für alle, viele Infos, gut für Probanden und Experten	Links zu ähnlichen Kandidaten, durchsuchbar, Experten erkennbar an Followers, Riesenpublikum, sehr aktuell, hohes Commitment der Teilnehmer	viele irrelevante Infos, Suche schwierig, Infos begrenzt, zeitaufwändige Suche, oft Zufallsfunde
Freunde, Familie	Alle um mich rum	Meist hohe Motivation, meist sofort verfügbar, schaffen Verbindungen zu anderen, neue Ideen, offenes Feedback	Begrenztes Netzwerk, wenig repräsentativ, weil ähnliche Typen, Verlässlichkeit unsicher, Abhängigkeit

Netzwerk	Merkmale	Vorteile	Nachteile
Mess-Objekt	echtes Objekt wie Motor, Auto o. ä. oder in der Natur	In Fabrik/Labor u.ä. oder Natur	Nur über Auftrag oder innerhalb eines Forschungsprojekts möglich

Wie kann ich sicherstellen, dass ich die Daten WIRKLICH bekomme?

Ohne Daten kannst Du keine Erkenntnisse gewinnen und damit steht das gesamte Projekt auf dem Spiel... Du kannst aber vorab sicherstellen, dass Du die Daten bekommst. Das WIE hängt von der Art der Daten ab.

1. Daten von EINER Firma oder aus einer Datenbank (Zeitreihen vom Kapitalmarkt)

- Überzeuge Dich: Gibt es die Daten überhaupt?
- Antworten nötig: Wer muss zustimmen? Wie sicher ist die Zustimmung? Tun sie das wirklich?
- Bohre nach, wenn die Antworten schwammig sind. Erhebe ein paar erste Daten, wenn möglich. Teste den Kanal.

In acht bis zehn Wochen willst Du die Daten erheben. Dann musst Du JETZT sicher sein, dass das klappt. Sonst musst Du einen anderen Plan verfolgen.

2. Daten von Experten

- Finde Experten bei Xing oder Linkedin.
- Frage einen Experten direkt zu Deinem Projekt, ob er die Fragen beantworten kann, wie aufwändig es ist und ob er andere kennt, die helfen können.
- Mache ein Test-Interview.

3. Daten von Organisationen und Unternehmen

- Finde mindestens 10 potenzielle Organisationen.
- Frage mindestens ein Unternehmen oder eine Organisation, ob sie zur Teilnahme bereit sind.
- Besorge die Daten von mindestens einem Unternehmen.

4. Daten von Probanden für Interviews oder Umfrage

- Finde eine Gruppe und frage mindestens 5 Leute, ob sie zur Teilnahme bereit sind.
- Finde eine Organisation (Krankenhaus, Laden, Schule, Unternehmen etc.)
- Mache eine Vorerhebung mit mind. einer Organisation oder 2-3 Probanden.

5. Daten aus Beobachtungen

- Finde mindestens 5 potenzielle Beobachtungs-Subjekte oder –Objekte.
- Erhebe zur Probe einige Daten mit einem einfachen Erhebungsbogen.

Das Wichtigste auf einen Blick:

1. Zugang zur Datenbasis die Voraussetzung für neue Erkenntnisse.
2. Wähle die Datenquellen sorgfältig. Wisse, was Du brauchst.
3. Prüfe und teste, ob Du die Daten bekommen kannst.

Mögliche „Mini"-Sprints (Änderungen, Ergänzungen):

Die Beschäftigung mit den Daten ist eine Daueraufgabe während der Arbeit.

Sprint 21. Wähle Methoden

Warum?	Du willst die passenden Methoden.
Dein Ziel?	...ist eine Liste geeigneter Methoden für Deine Analysen.
Was steht danach NEU im Exposé?	Das methodische Vorgehen
Dauer	20 - 25 h über 7 Tage

Was ist eine Methode (Definition)?

Eine Methode ist ein Mittel zur Zielerreichung. Methoden bezeichnen also jeweils eine bestimmte Art und Weise des Handelns, unter Nutzung bestimmter Mittel, um ein bestimmtes Ziel zu erreichen.

Eine Methode enthält stets eine Abfolge von Schritten (Technologie, Technik). Beispiele für Methoden des wissenschaftlichen Arbeitens sind Interviews, Beobachtung, Umfrage, Experimente, Dokumentenauswertungen, Inhaltsanalysen, statistische Auswertungen, Szenario-Analysen und viele, viele mehr.

Die häufigsten Methoden sind der standardisierte Fragebogen, Experten-Interviews und Probanden-Interviews. Diese Methoden sind relativ wirtschaftlich anzuwenden. Andere Methoden wie Experimente werden seltener angewendet.

Jedes Thema verlangt nach spezifischen Methoden, abhängig von Forschungsfrage und Ziel, aber auch der Art und der Verfügbarkeit von Daten.

Was ist der Zweck von Methoden?

Damit soll ein bestimmtes Ziel erreicht werden. Und sie sollen Dein Leben leichter machen. Man kann ein Haus mit den Händen oder Baumaschinen bauen...

Wie sehen Methoden aus?

Methoden sind immer eine Art Leitfaden mit der Beschreibung von Aktivitäten und Mitteln, um die Ziele und Zwischenziele zu erreichen. Sie ähneln Rezepten.

In den Beschreibungen finden sich immer Antworten auf die W-Fragen was, wer, womit, wozu, wann, wo, welche Schritte... Leider sind die Methoden in der Literatur oft eher abstrakt statt anwenderfreundlich beschrieben. Das liegt daran, dass man eben Vorwissen braucht. Wir bemühen uns, die wichtigsten Methoden präzise und dennoch nachvollziehbar zu beschreiben.

Welche Arten von Methoden gibt es?

Grundsätzlich lassen sich die Methoden in der Forschung in zwei Gruppen einteilen, 1. primäre Forschungsmethoden und 2. sekundäre Forschungsmethoden.

Sekundäre Forschungsmethoden umfassen alle Methoden, die sich auf bereits erhobene und in Texten dokumentierte Informationen und Daten stützen. Dazu gehören alle Arten von Literaturquellen wie Bücher und Studien. Die Informationen wurden bereits von ihren Autoren „gefiltert" und interpretiert. Damit enthalten sie also schon Subjektivität.

Primäre Forschungsmethoden dienen der Erhebung von Daten. Die Daten sind also erst zu sammeln und zu dokumentieren. (Beispiele: Beobachtung mit Protokoll, Interviews mit Probanden oder Experten, Experimente) Aber auch Statistiken über Märkte oder Gesundheitsdaten z. B. gehoren dazu. Dies sind „reine" Daten, noch nicht verändert oder verzerrt durch Text und Interpretationen.

Wie sieht eine Systematik von Methoden aus?

- **Schritt-Zahl**: einfache oder komplexe Methoden
- **Aufwand**: aufwändige oder "billige" Methoden
- **Dauer**: schnelle Anwendung oder langwierige Anwendung
- **Zweck:** Methoden zur Datenerhebung, Aufbereitung, Auswertung
- **Eignung**: geeignete oder nicht geeignete Methoden
- **Fach**: psychologische, pädagogische, wirtschaftliche Methoden etc.
- **Datentyp**: qualitative/quantitative Methoden
- **Tätigkeits-Typ**: Denkmethoden, Schreibmethoden und viele mehr

Wie beschreibe ich Methoden?

Das folgende Methodenprofil hilft:

- Zweck der Methode = Ziele und Zwischenziele,
- Instrumente und Werkzeuge,

- Wirkungsweise, Arbeitsweise und Schritte der Umsetzung,
- Voraussetzungen und Rahmenbedingungen für das Funktionieren,
- Stärken und Schwächen im Vergleich mit anderen Methoden im Hinblick auf Qualität und Umfang der Ergebnisse,
- Einsatzbereiche,
- bisherige Erfahrungen = Anwendungen in Studien,
- Vorgehen, Rezepte, Algorithmen und
- Risiken bei der Anwendung.

Wie gehe ich vor, wenn ich Methoden auswähle?

1. Ziel und Zweck definieren,
2. Rahmenbedingungen (Restriktionen) definieren,
3. Mögliche Methoden suchen,
4. Auswahl von Kriterien für die Eignung,
5. Bewerten und Vergleichen von Methoden,
6. Entscheidung für Methoden,

Die Auswahl muss im Text beschrieben und begründet werden.

Welche Kriterien spielen bei der Methodenbewertung eine Rolle?

- zielführend = gute Ergebnisse möglich oder wahrscheinlich, datenadäquat, zielgruppenadäquat,
- zeitsparend und mittelschonend = Einarbeitungszeit und Anwendungszeit sind annehmbar, wenig Geld,
- leicht dokumentierbar,
- risikoarm = geringe Nebenwirkungen,
- möglichst leicht erlernbar (was im Text nicht erwähnt werden darf).

Die Bewertung der Methoden muss auch im Text beschrieben werden.

Einfache Bewertung von typischen Methoden der Forschung

Themenfeld	Erläuterung, Einsatzbereiche	Vorteile	Nachteile
Standardisierte Befragung	Erstellung eines Fragebogens zur Ermittlung von Informationen zu einem Thema, ausfüllen lassen durch Probanden	Viele Teilnehmer erreichbar, Repräsentativ, Standardfragen möglich, einfache statistische Auswertung, messbare Ergebnisse, relativ objektives Wissen, viele Beispiele, klare Vorgaben, online durchführbar	Auswahl der Teilnehmer schwierig um Repräsentativität zu sichern, Fragen müssen „gut“ sein, Methodik-Kenntnisse wichtig, kann länger dauern, muss gut vorbereitet sein
Datenauswertung	Statistiken und Daten aus Datenbanken, von anderen gesammelt	Daten vorhanden, meist gesicherte Datenqualität, schnelle Beschaffung	Abhängigkeit von anderen, Beschaffung oft schwer, teure Daten, oft Lücken, meist keine Nachlieferung, Daten bestimmen Auswertung, oft Kompromisse nötig bei Forschungsfragen
Interviews Probanden	Befragung von „normalen“ Leuten mit bestimmten Merkmalen anhand eines Leitfadens	Sehr flexibel, Inhalte frei bestimmbar, Nachfragen möglich, Ausweitung der Befragung leicht (mehr Probanden), Anpassung des Forschungsdesigns möglich, Testen des Leitfadens möglich	Verlangt Erfahrung und Vorkenntnisse, Probandensuche schwer, abhängig von anderen, unsicherer Ausgang, viele unterschiedliche Inhalte, Interpretationsspielraum, keine exakten Daten wegen offener Fragen, Auswertung sehr anspruchsvoll, Gefahr der Subjektivität

Themenfeld	Erläuterung, Einsatzbereiche	Vorteile	Nachteile
Interviews Experten	Befragung von Experten mit ausgewiesenen Kenntnissen auf bestimmtem Fachgebiet, mit Interviewleitfaden	flexibel, Inhalte frei bestimmbar, Nachfragen möglich, Ausweitung der Befragung leicht (mehr Experten), Anpassung des Forschungsdesigns möglich, Leitfadentest möglich, neue Erkenntnisse	aufwändig, Expertensuche schwer, Abhängigkeit von anderen, Vorkenntnisse nötig, hohes Niveau der Diskussion, keine exakten Daten wegen offener Fragen
Beobachtung	Erfassung und Dokumentation bestimmter Infos über Objekte	Flexibel, tiefere Erkenntnisse, eigene Forschung, Vertiefen und Ausweiten ist möglich	Subjektivität, wenig Messbares, meist qualitative Daten, Interpretationsspielraum, Abhängigkeit, Objekte schwer zugänglich
Messung	Erhebung und Dokumentation bestimmter Daten über bestimmte Objekte	Keine Subjektivität durch quantitative Daten, tiefere Erkenntnisse, eigene Forschung, Vertiefen und Ausweiten ist möglich	Kaum Interpretationsspielraum, abhängig von anderen, Methodik sehr wichtig; aufwändig, teuer, viele Barrieren, Überraschungen bei Ergebnissen möglich
Experiment	Streng kontrollierte und standardisierte Erhebung und Dokumentation von Daten über bestimmte Objekte	Strikt quantitative Daten, tiefere Erkenntnisse, Vertiefen und Ausweiten ist möglich, Aufbauen auf Modellen möglich	Abhängigkeit von anderen, extrem aufwändig und teuer, viele Barrieren, hohe Risiken, viele Kompromisse nötig, ethische Bedenken, viele Störfaktoren, Überraschungen bei Ergebnissen möglich

Themenfeld	Erläuterung, Einsatzbereiche	Vorteile	Nachteile
Versuchs-reihe	Erhebung und Dokumentation von Daten über bestimmte Objekte	Weitgehend quantitative Daten, Vertiefen und Ausweiten ist möglich, Vergleiche möglich	Abhängigkeit von anderen, aufwändig, viele Barrieren, hohe Risiken, viele Kompromisse nötig, ethische Bedenken, viele Störfaktoren, Überraschungen bei Ergebnissen möglich

Was gehört in die methodische Vorgehensweise im Exposé?

Die methodische Vorgehensweise listet die einzelnen Schritte auf, um zum Ziel der Arbeit zu kommen, den Erkenntnissen. Das ist nicht die Gliederung, sondern der Erkenntnisprozess. In jeder wissenschaftlichen Arbeit sind folgende Schritte notwendig:

1. Literature-Recherche und -Auswertung zur Erhebung des Forschungsstands
2. Sammlung und Analyse von Daten, egal aus welcher Quelle und mit welchen Methoden
3. Interpretation und Diskussion und Schlussfolgerungen

Welche Arbeits- und Denkmethoden sind relevant?

Die folgenden Methoden sind mehr oder weniger nützlich für die Forschung.

Technik	Tätigkeit und Ziel
Abstrahieren	Ignorieren unwesentlicher Merkmale eines Objekts
Analysieren	Zerlegung eines Objekts in seine Bestandteile und Betrachtung dieser Teile und ihres Zusammenhangs untereinander und mit der Umwelt
Auswerten	Suche nach Mustern in einer Menge von Informationen, mit Hilfe bestimmter Techniken
Bewerten, Evaluieren, Prüfen, Testen	Betrachtung eines bestimmten Objektes unter dem Aspekt der Erfüllung bestimmter Kriterien
Brainstormen	Zusammenstellung von zugehörigen Elementen zu einem bestimmten Objekt

Technik	Tätigkeit und Ziel
Definieren	Abgrenzung eines Objekts von anderen Objekten durch Zurückführen auf einen Oberbegriff und die Beschreibung der bestimmenden Merkmale
Fragen	Suche nach einem fehlenden Objekt/Element in einem Gesamtbild
Interpretieren/ Schlussfolgern	Gewinnen von gewünschten Erkenntnissen auf der Basis bestimmter, meist neuer, Informationen durch logisches Schließen
Isolieren	Abgrenzung eines Objektes von anderen Objekten nach bestimmten Kriterien
Konkretisieren	Betrachtung von bestimmten Details eines bestimmten Objekts
Konzipieren, Skizzieren, Entwickeln	Darstellung der wesentlichen Merkmale eines (künftigen) Objektes oder eines Prozesses
Rechnen	Lösung eines formalisierten Problems mit Hilfe formaler Methoden
Reduzieren-Ignorieren	Ausschluss bestimmter Merkmale eines Objekts aus der Betrachtung
Sortieren - Strukturieren - Systematisieren - Gliedern	Erstellung einer Ordnung innerhalb einer scheinbar ungeordneten Gruppe von Objekten oder Elementen nach bestimmten Ordnungskriterien
Vergleichen	Beschreibung von zwei oder mehr Objekten anhand bestimmter Kriterien
Zuordnen	Assoziation bestimmter Objekte mit anderen Objekten aufgrund bestimmter Kriterien

Wo und wie finde ich die passenden Methoden für mein Projekt?

Die beste Quelle für die Methodensuche sind Studien zum Thema. Die Autoren wenden die Methoden an und beschreiben ihr Vorgehen. Nutze daher Dein Review für die Methodensuche. Oft ist das aber zu knapp beschrieben. Dann helfen Methodenbücher weiter. Aber leider haben nicht alle anschauliche Beispiele...

Welche Fragen helfen mir bei der Methodenwahl?

- Welche Methoden sind für die Fragestellung möglich?
- Welche Methoden sind sinnvoll für mein Projekt?
- Welche Voraussetzungen verlangt die Methode?
- Welche Starthilfen bietet die Methode?
- Was ist das Ziel, das Erkenntnisziel?
- Welche Literaturquellen gibt es wie Bücher, Artikel?
- Welche empirischen Quellen gibt es (=> Systematik empirischer Quellen)?

Wie finde ich die passenden Methoden?

1. Methoden aus Review betrachten
2. Methoden zu Daten
3. Methoden für Analyse
4. Kriterien für Auswahl
5. Bewertung
6. Auswahl

Das Wichtigste auf einen Blick:

1. Die Methoden sind Deine Instrumente zum Bearbeiten des Materials, der Quellen und Daten.
2. Orientiere Dich, welche Methoden es gibt und welche Du brauchst.
3. Methoden zu beherrschen entscheidet über den Erfolg. Lerne die Methoden, falls notwendig.

Mögliche „Mini"-Sprints (Änderungen, Ergänzungen):

Du wirst manchen neuen methodischen Ansatz lernen und immer besser mit dem Methoden umgehen können. Sie begleiten Dich bis zum Ende.

Sprint 22. Mache eine Vorstudie

Warum?	Du willst Sicherheit über Dein Vorgehen.
Dein Ziel?	...ist ein geprüftes Forschungsdesign.
Was steht danach NEU in meinem Exposé?	Die Methodik ist geprüft und konkret formuliert.
Dauer	40 - 60 h über 14 Tage

Wie mache ich eine Vorstudie?

Du sammelst die Daten aus den Datenquellen, mit den einfachsten Mitteln.

Am besten: direkt Daten sammeln = Befragen der Zielgruppe oder Daten zusammentragen

Auch gut: Simulation – Durchspielen der Methoden, Suche nach Problemzonen

Wenn's nicht anders geht: Gespräche = Befragen von Experten, mit Erfahrung in dem Gebiet

Beispiele:

- Einfacher Fragebogen für die Zielgruppe,
- Kurze Gespräche mit Experten, Fragebogen-Probanden, zu Beobachtenden,
- Entwerfen einer vollständigen Prozessdarstellung zur Besprechung mit Experten,
- Besprechungen mit Betreuern (nur ergiebig mit guter Vorbereitung!).

Woran erkenne ich mit der Vorstudie, dass mein Weg richtig ist?

Diese Art von Aussagen solltest Du treffen können.

- Meine Forschungsfrage ist mit kleinen Änderungen beantwortbar.
- Meine Datenquelle ist auf jeden Fall ergiebig. Ich bekomme sogar mehr Datenoutput als erwartet.

- Meine Instrumente zur Datenerhebung passen. Ich bin sicher, dass ein halbstrukturierter Interviewleitfaden das Richtige ist.
- Ich weiß jetzt schon genauer, was ich alles in den Fragebogen, Erhebungsbogen o. ä. aufnehmen muss.
- Ich weiß jetzt, für welche Schritte ich mehr Zeit einplanen muss.

Wie werte ich die Ergebnisse der Vorstudie aus?

- Ordne die Daten.
- Analysiere die Daten mit Blick auf die Forschungsfrage und Detailfragen.
- Ziehe Schlüsse und passe Dein Vorgehen an.

Szenarien:

1. Alles passt. Fein! Mach weiter.
2. Etwas passt nicht. Prüfe alle Elemente wie Variablen, Modell, Datenbasis, Methoden und passe an.
3. Unerwartete Hindernisse? Auch fein! Dann prüfe noch mal akribisch, ob der Ansatz zu retten ist. Wenn nicht, dann wähle einen neuen Ansatz. Und sei froh, dass Du das jetzt tun kannst, statt in ein paar Monaten noch mal komplett neu anzufangen.

Passe falls notwendig an:

- Variablen und Modell,
- Forschungsfrage und Ziel,
- Zielgruppe und Datenbasis, Zusammensetzung, Ansprache, abgefragte Infos,
- Methoden, Auswahl, Anwendung, Prozess der Erhebung, Auswertungsmethoden.

Wie aufwändig sollte die Vorstudie sein?

So umfangreich wie nötig, um sicher zu sein, dass das Vorgehen funktioniert. Eine Woche ist sicher gut investiert. So 90% Sicherheit, dass der Ansatz passt, wäre toll.

Wie dokumentiere ich die Daten und Ergebnisse der Vorstudie?

Dokumentiere alle Schritte wie im richtigen Prozess der Datenerhebung.
Entwickle jetzt auch schon die Protokolle, Profile, Checklisten.

Zeige ich die Ergebnisse der Vorstudie dem Betreuer?

Klar, aber nur zu dem Vorgehen, das funktioniert! Die möglicherweise anderen, nicht passenden Designs musst Du nicht zeigen. ABER: mitunter ist es nötig, diese Ergebnisse als Argumentationsstütze zu nutzen, warum ein Weg nicht sinnvoll ist.

Kommen die Ergebnisse der Vorstudie in meinen Text?

Du solltest die wichtigsten Schritte und Ergebnisse dokumentiert haben. Diese Infos sollten dann bei der Methodik eingebaut werden, als Nachweis für die Entstehung des Forschungsdesigns. Auch die Ergebnisse könnten im Ergebniskapitel noch eine Rolle spielen, als Argumente für die Hinleitung zu den Erkenntnissen.

Was mache ich, wenn die Vorstudie negative Ergebnisse bringt?

Dann solltest Du erstmal froh sein, dass Du das JETZT erkannt hast, statt in 12 Monaten. Sodann prüfe Deinen Ansatz: Solltest Du ihn verändern oder musst Du ihn verwerfen und neu anfangen?

Das Wichtigste auf einen Blick:

1. Die Vorstudie ist kein Muss, kann Dir aber Monate und Jahre der Arbeit sparen.
2. Simuliere den Forschungsprozess so genau wie möglich.
3. Werte die Vorstudie so aus wie Du auch die richtige Studie auswertest.

Mögliche „Mini"-Sprints (Änderungen, Ergänzungen):

Die Vorstudie wird Dein Projekt konkretisieren. Sie geht in der richtigen Studie auf.

Sprint 23. Präsentiere das Forschungsdesign

Warum?	Du willst grünes Licht von den Betreuern.
Dein Ziel?	...ist die schriftliche Annahme Deines Projektes (Absegnen).
Was steht danach NEU im Exposé?	Das Exposé ist inhaltlich komplett
Dauer	10 - 15 h über 4 Tage

Woran erkenne ich, dass Thema, Forschungsfrage, Sample und Methode zueinander passen und stimmig sind?

Die Variable aus Thema und Forschungsfrage muss in allen vier Elementen enthalten sein. Nehmen wir ein Beispiel:

Thema:
"Auswirkungen von Milchschokoladenkonsum auf die Motivation von BWL-Studenten im Bachelorstudiengang"

Prüfung der Forschungsfrage:
Welche Auswirkungen hat Milchschokoladenkonsum auf die Motivation von BWL-Studenten im Bachelorstudiengang?

Prüfung der Methode:
Kann ich mit der gewählten Methode die richtigen Daten über den Milchschokoladenkonsum und die Motivation der BWL-Studenten im Bachelorstudiengang bekommen?

Variante A: Ich lasse die Studis ihren Schokoladenkonsum protokollieren. Die Protokolle sind standardisiert.

Variante B (nicht ernst gemeint!!!!): Alle Studis müssen morgens, mittags und abends an einem zentralen Platz (Wohnheim-Küche) ihre Schokoladenration einnehmen. Das wird von Helfern protokolliert.

Variante C (auf keinen Fall ernst gemeint!!!!): Alle Studis erhalten VORAB für 14 Tage feste Schokoladen-Rationen in Form von Päckchen mit Datum und einem Code. Die Schokolade ist mit Nano-Sendern versetzt und somit kodiert. Wird das Päckchen geöffnet, wird ein Signal gesandt... wird die Schokolade gegessen, wird ein Signal gesandt. Damit lässt sich alles lückenlos überprüfen... (ethisch völlig unvertretbar...)

Datenbasis/Sample

Habe ich Zugang zu den Datenträgern, wie in Thema und Forschungsfrage genannt? In unserem Falle den BWL-Studenten im Bachelorstudiengang? Oder wenigstens einen Ausschnitt davon wie z. B. alle Marketing-Studenten?

Wie kann ich sicher sein, dass mein Plan, mein Exposé funktioniert?

Erstelle einen Powerpoint-Vortrag mit diesen Inhalten und trage ihn einem ausgewählten Publikum vor, am besten Zeitgenossen, die Dir Feedback geben können.

1. Thema
2. Definitionen
3. Review
4. Kontext
5. Modell
6. Forschungslücke
7. Frage
8. Sample
9. Methoden
10. Plan

Du wirst während und im Vortrag selbst merken, wenn etwas nicht zusammenpasst.
Indem Du Deinen Plan anderen erklärst, klärt sich auch vieles für Dich selbst.
Gehe also zu den einzelnen Sprints im Exposé zurück und überarbeite den Plan, damit Dein Ansatz stimmig wird.
Dieser Vortrag ist schon eine Vorbereitung auf die Verteidigung Deiner Arbeit!

Präsentation des Forschungsdesigns vor Betreuern
Dein Ziel: Das Design soll abgesegnet werden?

Was sollte ich den Betreuern vorher schicken?
Eigentlich nichts diesmal. Du solltest besser den Vortrag ausarbeiten.

Wonach sollte ich fragen?
Die einfache Frage lautet: Ich möchte gerne diesen Forschungsansatz verfolgen. Kann ich damit weitermachen? Spricht aus Ihrer Sicht etwas dagegen?

Sollte ich Notizen machen?
Auf jeden Fall. Das zeigt Wertschätzung für die Hinweise des Gegenüber. Außerdem ist das die Basis für Dein Protokoll.

Sollte ich ein Protokoll machen?
Auf jeden Fall. Liste die wichtigsten Punkte auf und vor allem die Aufgaben für die Überarbeitung. Schicke den Betreuern das Protokoll hinterher und bitte um Abnahme.

Was ist zu tun, wenn mein Forschungsdesign abgelehnt wird?
Gehe alle Punkte im Design im Exposé durch und frage nach den Defiziten, Punkt fur Punkt. Wenn die Kritik nicht konkret ist, dann liegt es vielleicht gar nicht an Deinem Exposé, sondern die Erwartungen der Betreuer unterscheiden sich von Deinen Zielen. Oder das Thema passt nicht für die Betreuer. Dann ziehe Deine Schlüsse.

Was mache ich, wenn während meiner Arbeit ganz neue Inhalte auftauchen? Oder sogar mein Forschungsproblem von anderen gelöst wird?
Dann vergleiche Punkt für Punkt die Lösung der anderen Autoren mit Deinem Ansatz. Mit 80% Wahrscheinlichkeit hast Du ein spezielleres Thema als die anderen. ODER: Du kannst Deinen Fokus verändern und Dich damit unterscheiden. Du kannst folgende Parameter mehr oder weniger leicht verändern:

- Faktoren (andere, zusätzliche)
- Sample (enger fassen...)
- Methoden (Interviews statt Fallbeispiel etc.)
- Zeitrahmen (Längsschnitt...)

WICHTIG: die Überschrift der anderen Studie könnte ähnlich klingen und entmutigen. Kontrolliere aber die Inhalte entsprechend dem Vorgehen beim Literature Review und Du wirst sehen, wo Du im Vergleich stehst. Dann passe entweder Dein Exposé an oder mache weiter.

Ein Beispiel:
Dein Thema: Einfluss von Schokoladenkonsum auf die Motivation von Studierenden
Fremdes Thema 1: Auswirkungen von Schokolade auf die Motivation von Erstsemestern
Fremdes Thema 2: Einsatz von Schokolade zur Steigerung der Motivation von Studierenden an Schweizer Hochschulen
Fremdes Thema 3: Experimentelle Prüfung der Auswirkungen von Schokoladenkonsum auf die Motivation von Studierenden
Bei jedem Thema können die Variable anders sein. Die Studis sind eventuell nur ganz eng definierte Gruppen wie Pädagogen oder Ingenieure.

Mögliche Schwenks zur Differenzierung des Themas:

- statt Studierenden nimm Abiturienten,
- statt Motivation nimm Leistungsfähigkeit,
- statt Schokolade nimm Kaugummi etc.

Das Design bleibt gleich.

Unter welchen Bedingungen muss ich mein Projekt völlig ändern?

- Meine Frage ist umfassend in einer neuen Studie beantwortet. Die Autoren haben ein neues Modell vorgestellt, das genau mein geplantes Modell abbildet. Das aber passiert äußerst selten, weil es immer Facetten in einem Thema gibt.
- Ich kann die Daten mit keiner Methode gewinnen oder die Datenqualität ist zu schlecht.
- Die Dateninhaber können nicht zugänglich sein oder die Stichprobe könnte zu klein sein.

Falls das ganze Design wider Erwarten gar nicht funktioniert, dann wiederhole die Sprints 9 bis 19, bis Dein Design funktioniert. Kompromisse sind schlecht!

Das Wichtigste auf einen Blick:

1. Die Präsentation ist wieder in erster Linie für Dich, für Deine Klarheit. Nutze sie dazu.
2. Mache einen detaillierten Vortrag, auch wenn das nicht verlangt wird.
3. Frage die Betreuer nach konkretem Feedback.
4. Die Inhalte im Vortrag sind schon Teil der Verteidigung!!! Freude!

Mögliche „Mini"-Sprints (Änderungen, Ergänzungen):

Verfolge und verfeinere das Design im Projekt. Ändere es aber nicht mehr radikal.

Sprint 24. Erstelle die Gliederung

Warum?	Du willst was zum Langhangeln.
Dein Ziel?	...ist eine stabile Gliederung auf Ebene 1 und 2.
Was steht danach NEU im Exposé?	Die Gliederung
Dauer	4 - 6 h über 2 Tage

Wie erstelle ich meine Gliederung?

Hier ist die komplette Mustergliederung für die Dissertation. Sie folgt dem Dissertation-Modell aus Sprint 4. Offensichtlich arbeitet sie mit Platzhaltern. Du kannst und musst also Deine eigenen Stichworte eintragen.

Kapitel 1 Einleitung

Gib eine Einführung in die Arbeit mit Kontext, Leitfrage, Ziel und Aufbau.

Kapitel 1.1 Ausgangssituation

Beschreibe Deinen Gegenstand, Dein Objekt, Deinen Fokus und den Kontext.

Kapitel 1.2 Studienüberblick

Beschreibe jeweils in 1-2 Sätzen, welcher Autor was zum Thema untersucht hat.

Kapitel 1.3 Forschungsfrage

Leite die Forschungsfrage ab.

Kapitel 1.4 Ziel

Beschreibe die erwarteten Resultate Deiner Analyse.

Kapitel 1.5 Vorgehensweise
Beschreibe kurz Dein Vorgehen, Deine Methodik zur Beantwortung der Frage.

Kapitel 1.6 Aufbau
Beschreibe die Struktur Deiner Arbeit.

Kapitel 2 Theorie
Beschreibe die theoretischen Grundlagen zu den einzelnen Begriffen,

Kapitel 2.1 Begriff 1
Definiere und beschreibe die wichtigsten Theorien und Modelle zu Begriff 1.

Kapitel 2.2 Begriff 2
Definiere und beschreibe die wichtigsten Theorien und Modelle zu Begriff 2.

Kapitel 2.3 Begriff 3
Definiere und beschreibe die wichtigsten Theorien und Modelle zu Begriff 3 etc.

Kapitel 3 Forschungsstand
Beschreibe den aktuellen Forschungsstand mittels Studien.

Kapitel 3.1 Vorgehen Studienauswertung
Beschreibe das Vorgehen bei der Auswahl und der Auswertung der Artikel.

Kapitel 3.2 Ergebnisse Studienauswertung
Präsentiere die Inhalte (Sample, Methoden, Ergebnisse) der ausgewählten Studien in einer Tabelle und Text.

Kapitel 4 Modell
Beschreibe Dein Forschungsmodell und formuliere Detailfragen zur Forschungsfrage.

Kapitel 4.1 Variable
Stelle alle wichtigen Faktoren und Variablen Deiner Untersuchung dar.

Kapitel 4.2 Modellentwurf
Stelle alle relevanten Faktoren und Variable in einem Modell dar.

Kapitel 4.3 Forschungslücke
Diskutiere die Erkenntnisse, Methoden und beschreibe die Forschungslücken.

Kapitel 4.4 Detailfragen
Leite Deine Detailfragen aus der Forschungsfrage ab und formuliere Hypothesen, falls möglich.

Kapitel 5 Forschungsdesign
Beschreibe Dein Vorgehen, das Design Deiner Analyse.

Kapitel 5.1 Methodik
Beschreibe die gewählten Methoden.

Kapitel 5.2 Datenbasis
Definiere und beschreibe die ausgewählte Zielgruppe oder die Datenquellen.

Kapitel 5.3 Hilfsmittel
Beschreibe die angewandten Instrumente und Mittel, ausgehend von Detailfragen.

Kapitel 5.4 Durchführung
Beschreibe die Durchführung und den Zeitplan Deiner Analyse.

Kapitel 6 Ergebnisse
Stelle die Ergebnisse Deiner empirischen Analyse dar.

Kapitel 6.1 Ergebnisse der Analyse
Beschreibe detailliert die wichtigsten Ergebnisse und interpretiere sie.

Kapitel 6.2 Finales Modell
Beschreibe Dein fertiges Modell mit den geschlossenen Lücken.

Kapitel 7 Diskussionen

Ordne Deine Ergebnisse in das relevante Forschungsfeld ein und zeige offene Fragen.

Kapitel 7.1 Diskussion

Vergleiche und diskutiere Deine Erkenntnisse mit den Erkenntnissen anderer Autoren, zeige offene Forschungsfragen.

Kapitel 7.2 Methodenkritik

Zeige die methodischen Grenzen Deiner Analyse.

Kapitel 7.3 Implikationen

Beschreibe wichtige Schlüsse auf Basis Deiner Erkenntnisse.

Kapitel 7.4 Empfehlungen

Beschreibe, was einige Stakeholder tun sollten, auf Basis Deiner Erkenntnisse.

Kapitel 7.5 Forschungsbedarf

Liste einige offene Fragen auf, die als nächstes zu erforschen sind.

Kapitel 7.6 Kritische Würdigung

Bewerte Deine Erkenntnisse, Deine Vorgehensweise und den Forschungsstand.

Kapitel 8 Fazit

Fasse die Schlussfolgerungen der Arbeit zusammen.

Kapitel 8.1 Zusammenfassung

Fasse die wichtigsten Kapitel in ein bis zwei Sätzen zusammen.

Kapitel 8.2 Schlussfolgerungen

Ziehe die wichtigsten Schlüsse aus den Ergebnissen der Arbeit.

Kapitel 8.3 Ausblick

Beschreibe, was im Themengebiet in der Zukunft zu erwarten ist.

Thesen
Formuliere die wichtigen Ergebnisse der Studie in Form von Thesen.

Was mache ich mit möglichen Vorgaben meines Betreuers zur Gliederung?
Natürlich haben eventuelle Vorgaben vom Betreuer oder Fachbereich Vorrang. Aber nach meiner Erfahrung sind diese in der Regel ebenfalls offen gestaltet und enthalten oft nur semantische Varianten wie z. B. Methoden and Material statt Forschungsdesign oder Konklusion statt Fazit. Inhaltlich gibt es da keinen erkennbaren Unterschied.

Ich brauche viel mehr Platz für die Theorie als nur ein Kapitel...
Im Kapitel Theorie lassen sich alle möglichen Theorien unterbringen. Die Seitenzahlen der Kapitel sind nicht festgelegt. Wenn es aber zu viele verschiedene Begriffe sind, ist Vorsicht geboten.

Ein Beispiel zum Thema „Lesegewohnheiten bei Ebooks“:

Wir haben die Ebooks und die Ebook-Leser und brauchen jeweils Modelle und Theorien für diese beiden Begriffe. Da kann es viele geben. Die finden sich schon. Aber wir könnten ja auch noch jede Menge andere Theorien und Modelle über den Ebook-Markt und Urheberrecht und Schnittstellen und DRM-Formate und Print-on-Demand und Autorenrechte und Revenue-Sharing und Zitation in Ebooks und Multimedia-Einbindung und noch 100 andere Aspekte finden und einbauen. Das lassen wir mal lieber. Wir brauchen nur Theorien und Modelle zu unserem direkten Forschungsgegenstand und nahen Aspekten wie Inhalte, Kriterien über die Auswahl von Ebooks etc.

Soll die Gliederung wirklich so schematisch sein, so rigide?
Die Gliederung ist wie ein Rezept. Der Text nach diesem Schema wird den Lesern „schmecken“, weil der Rote Faden klar ersichtlich ist. Es gibt auch einen logischen Grund: die Kapitel sind auf einer logischen Ebene gleichwertig. Die Theorie ist den Ergebnissen ebenbürtig. Aber ein Kapitel wie zum Beispiel „Ebook-Formate und Ebook-Inhalte“ als Kapitel 2 wäre das nicht.

Das Wichtigste auf einen Blick:

1. Nutze die Muster-Gliederung als Basis für Deinen Text.
2. Fülle die Gliederung mit DEINEN Keywords, sonst sieht das nach einer Maschinen-Gliederung aus.
3. Lass die Gliederung „absegnen". Dann hast Du Sicherheit.

Mögliche „Mini"-Sprints (Änderungen, Ergänzungen):

Deine Gliederung wird in die Tiefe erweitert, um Unterkapitel. Aber die erste und zweite Ebene sollten so bleiben wie im Exposé.

Sprint 25. Schreibe das Exposé

Warum?	Du willst das Exposé.
Dein Ziel?	...ist ein ausführliches Exposé mit Arbeitsthema, Design und Quellen.
Was steht danach NEU im Exposé?	Das Exposé ist fertig.
Dauer	30 - 40 h über 10 Tage

Was steht am Ende im Exposé?

Das Exposé ist das schriftliche Ergebnis aller bisherigen Schritte. Gehe diese Inhalte im Exposé noch mal durch und überarbeite und ergänze.

1. Begriffsklärungen

Trage hier die Definitionen der Begriffe aus dem Thema ein. Maximal drei Sätze, aus seriösen Quellen, falls nötig auch zwei bis drei verschiedene Definitionen pro Begriff. (Sprint 10)

2. Beschreibung der Ausgangssituation (Kontext)

Begründe das Thema und die Forschungsfrage mit Hilfe der fünf Fragen aus Sprint 19.

3. Überblick zum Forschungstand (Review)

Beschreibe und diskutiere die wesentlichen Inhalte der wichtigsten Studien zum Thema mit Hilfe der Matrix und der fünf Fragen dazu. (Sprint 13 und 14)

4. Entwurf des Modells

Beschreibe kurz und skizziere eine Übersicht der relevanten Variablen in Deiner Untersuchung. (Sprint 15)

5. Ableitung der Forschungslücke

Definiere und begründe kurz mit Hilfe des Modells Deine Forschungslücke. (Sprint 16)

6. Formulierung der Forschungsfrage und Detailfragen

Formuliere auf Basis aller bisherigen Ausarbeitungen Deine Forschungsfrage. Entwirf auch gleichzeitig mögliche Detailfragen. Du wirst noch öfter zu diesem Sprint zurückkehren. (Sprint 17)

7. Zielformulierung

Formuliere auf Basis aller bisherigen Ausarbeitungen Deine erwarteten Ergebnisse, in abrechenbarer und damit nachprüfbarer Form. (Sprint 17)

8. Vorgehen/Methodik

Beschreibe und begründe die Auswahl der wichtigsten Methoden, mit denen die Daten zur Beantwortung der Forschungsfrage gesammelt und ausgewertet werden sollen. (Sprint 21)

9. Aufbau der Arbeit

Beschreibe die wichtigsten Inhalte in den Kapiteln Deiner Arbeit. (Sprint 20)

10. Vorläufige Gliederung der Arbeit

Trage die Kapitelüberschriften aus Sprint 24 ein.

11. Vorläufiges Quellenverzeichnis

Hier kommt Deine Liste der Studien hin, aus Citavi oder aus anderen Quellen.

12. Vorläufiger Arbeitsplan

Die Arbeitsschritte sind:

- Forschungsstand erheben,
- Forschungslücke und Forschungsfrage operationalisieren,
- Forschungsdesign fertigstellen,
- Daten erheben,

- Datenauswertung und Analyse und
- Text schreiben

Das Wichtigste auf einen Blick:

1. Das Exposé schreiben ist der Abschluss des Einstiegs. Damit hast Du ein Plateau erreicht.
2. Schleife das Exposé sorgfältig, denn daraus entsteht Dein Text.

Tipp: Gratis-Online-Tool für das Exposé

Mache den **Exposé-Check**
Formuliere und prüfe und optimiere Dein Exposé

Aristolo.com

Mögliche „Mini"-Sprints (Änderungen, Ergänzungen):

Das Exposé wird zur Einleitung. Diese Einleitung überarbeitest Du noch einmal am Ende, wenn Du alles erledigt hast.

MEILENSTEIN 4: Kapitel Theorie, Forschungsstand und Modell sind fertig!

MEILENSTEIN 4: Kapitel Theorie, Forschungsstand und Modell sind fertig!

Warum?	Du willst die ersten 3 fertigen Kapitel.
Dein Ziel?	... sind 3 entworfene Kapitel.
Was steht danach NEU im Text?	Die drei Kapitel Theorie, Forschungsstand und Modell
Dauer	133 h über ca. 17 Arbeitstage

Sprint 26. Lege die Schreibdatei an

Warum?	Du willst eine Schreib-Datei für ALLE Inhalte.
Dein Ziel?	...ist eine Word-Datei (oder LaTeX, Google Doc, Apple Pages) zum Schreiben.
Was steht danach NEU im Text?	Die Einleitung und die Gliederung
Dauer	1 - 2 h

Wie lege ich meine Schreibdatei an?

1. Lade die Word-Schreibvorlage von Aristolo.com herunter. Sie ist schon formatiert und kann leicht angepasst werden.
2. Benenne die Datei in dieser Art: maxine-mustermann-diss-text-version-1.docx

3. Lies die Hinweise zur Schreibvorlage, bevor Du damit arbeitest.
4. Kopiere alle Text-Inhalte aus dem Exposé (von Kontext bis Aufbau der Arbeit) in die Einleitung der Schreibdatei.
5. Füge die vorläufige Gliederung als Kapitelüberschriften ein (einfügen und die Formatvorlage Überschrift 1 oder Überschrift 2 zuweisen oder direkt zur passenden Überschrift hinzufügen).
6. Füge die Verzeichnisse ein.
7. Aktualisiere die Verzeichnisse.

Ist die Formatierung einer Schreibdatei nicht zweitrangig? Gibt es jetzt nichts Wichtigeres zu tun?

Wenn Deine Arbeit ein Haus ist, dann ist Dein Exposé der Bauplan und Deine Schreibdatei ist der Baugrund. Dort werden am Ende alle Steine und Fenster und Hölzer etc. zu einem Haus zusammengefügt. Besser Du hast Deinen Baugrund gut vorbereitet.

Diese Vorbereitung dauert mit unserer Schreibvorlage nur eine Stunde. Aber danach hast Du einen Kompass, einen Platz, an dem alle Inhalte zusammenkommen. Das wird Dir ein Gefühl der Sicherheit geben.

Welche Vorgaben sollte ich bei der Formatierung beachten?

An sich gibt es bei einer Diss keine besonderen formellen Vorgaben, anders als bei eine Masterarbeit zum Beispiel. Unsere Schreibvorlage ist ein sinnvoller Anfang. Du kannst dann immer noch fragen, ob die Seitenränder anders sein sollten.

Das Wichtigste auf einen Blick:

1. Die Schreibvorlage ist Dein Baugrund. Hier werden alle Inhalte eingefügt.
2. Die Schreibvorlage ist schon Deine Druckdatei. Lege sie sorgfältig an.

Mögliche „Mini"-Sprints (Änderungen, Ergänzungen):

Fülle die Schreibdatei, bis Dein Text fertig ist.

Sprint 27. Lerne die 5-Seiten-pro-Tag-Schreibtechnik

Warum?	Du willst sehr schnell und sehr gut schreiben können.
Dein Ziel?	...ist eine zuverlässige Schreibtechnik.
Was steht danach NEU im Text?	Mikrofragen zu den ersten Kapiteln
Dauer	4 - 6 h

Sollte ich mir nicht viel Zeit für das Schreiben nehmen? Wird der Text nicht besser, wenn ich das gründlich mache?

Ein paar Fakten:

Je länger das Schreiben dauert, umso länger zieht sich das Projekt hin und Deine Motivation sinkt.

Je länger Du Dich mit einem Kapitel befasst, umso größer ist die Gefahr, dass Du Dich in Details verlierst und Seiten schreibst, die Du am Ende wieder löschen wirst.

Jeder Text braucht Überarbeitungen. Wie schon Old Winston sagt:

To improve is to change; to be perfect is to change often. (Winston Churchill)

Gründlich schreiben meint eigentlich gründliche Vorbereitung. Das ist der Schlüssel. Wenn wir die Inhalte für die Kapitel vorbereitet haben, dann wird das Schreiben selbst nicht mehr so lange dauern.

Welche Methode ist die beste, um einen sehr guten Text in überschaubarer Zeit zu schreiben?

Wir schreiben oft einen Text, um uns über eine Sache klar zu werden. Wenn das klappt, ist das natürlich vernünftig. In der Dissertation ist der Text allerdings ziemlich lang... Es gibt viele Methoden, wie man ins Schreiben kommt: einfach anfangen, erst mal Stichworte aufschreiben, erst mal Zusammenfassungen von Texten schreiben, Exzerpieren von Fachtexten und viele mehr.

Das Ziel ist, in den Schreibprozess zu kommen, in den Flow, Mut zu fassen und am Ende einen guten Text zu haben.

Du solltest diese drei Methoden in der Text-Vorbereitung ausprobieren:
- es jemandem erklären,
- einen Vortrag ausarbeiten, wie für ein Kolloquium oder
- eine Diktier-App nutzen und das Konzept in Minuten skizzieren statt in Stunden zu schreiben.

Diese Methoden sind schneller als das Schreiben auf dem Computer und frustrieren weniger, wenn es noch Änderungen gibt. Probiere sie aus.

Aber welche Methode sollte ich denn nutzen?

Die Mikrofragentechnik! Mit dieser Methode kannst Du 5 Seiten sehr guten Text am Tag schreiben.

Der Grundgedanke der Mikrofragentechnik

Im Prinzip ist jede Aussage, jeder Absatz eines Textes eine Antwort auf eine Frage. Umgekehrt kann man daher vor der Formulierung einer Aussage oder eines Textabschnitts eine Frage formulieren. Im Grunde schreibt man einen Text ja auch so: Man hat Fragen im Kopf und beantwortet sie, entweder aus dem Kopf oder mit Hilfe von Quellen. Meist passiert das aber unbewusst.
Nutzen wir diesen Mechanismus gezielt und planmäßig. Dann fällt das Schreiben leichter.

Was sind Mikrofragen genau?

Mikrofragen sind kurze und präzise Fragen zu einem Aspekt in einem Kapitel oder Gliederungspunkt. Sie ergeben zusammen einen Leitfaden und führen zum Inhalt des Kapitels.

Beispiele für Mikrofragen zum Beispiel-Thema: Lesegewohnheiten von Fach-Ebook-Lesern

Mikrofragen Kapitel Theorie und Begriffe

- Was ist ein Ebook?

- Wie sind Ebooks aufgebaut?
- Wer schreibt Ebooks?
- Wer kauft Ebooks?
- Wer verkauft Ebooks?
- Wer liest Ebooks?
- Welche Inhalte haben Ebooks?
- Welche Arten von Ebooks gibt es?
- Welche Rolle spielen Fach-Ebooks? etc.

Mikrofragen Kapitel Analysen

- Welche Gründe motivieren Leser zum Kauf von Fach-Ebooks?
- Welche Lesegewohnheiten haben Fach-Ebook-Leser?
- Auf welchen Geräten lesen Fach-Ebook-Leser?
- Mit welchen Zielen lesen Fach-Ebook-Leser?
- Welche Inhalte bevorzugen Fach-Ebook-Leser?
- Wie häufig lesen Fach-Ebook-Leser? etc.

W-Fragen als einfache Mikrofragen

Wer?	Warum?
Was?	Womit?
Wie?	Für wen?
Wo	Von wem?
Wann?	Wie viel?
Wie lange?	Wie oft?
Woher?	Wozu?
Wohin?	Wogegen?

Beispiele für komplexere Mikrofragen

- Wovon hängt A ab?
- Wie hängt A mit B zusammen?
- Welche Merkmale von X sind relevant?
- Was zeichnet diese Maßnahme aus?
- Welche Vorteile hat die Alternative B?
- Wie funktioniert dieses Konzept?

- Welche Arten von X gibt es?
- In welchen Bereichen werden diese Instrumente eingesetzt?
- Wer hat Vorteile durch die Regelung AK?
- Wie entwickelt sich das Phänomen V?
- Welche Ziele haben Unternehmen in dieser Situation?
- Welche Restriktionen gelten bei der Auswahl von T?
- Auf welcher Grundlage werden diese Entscheidungen getroffen?
- Was sind die Gründe für den Eintritt von Ereignis S?
- Welche Schritte sind nötig zur Erreichung des Zieles?
- Wer setzt diese Konzepte ein?
- Was sind die Lehren aus der Nutzung von Instrument V?
- Welche Funktion hat der Bereich C?
- Wie lassen sich die Motive von X charakterisieren?
- Welche Kriterien gelten bei der Eignungsprüfung?
- Was hat das für Konsequenzen?
- Welche Möglichkeiten der Kombination gibt es für A, B, C etc.?
- Wie hat sich A verändert?
- Welche Voraussetzungen mussen gegeben sein?

Vorgehen bei der Mikrofragentechnik

Jeder Gliederungspunkt hat bestimmte Inhalte aus bestimmten Quellen zu einem bestimmten Aspekt oder zusammengehörenden Aspekten.

1. Formuliere zu jedem Begriff oder Aspekt in den Kapiteln mehr oder weniger komplexe Fragen.
2. Suche zu ALLEN Fragen die Quellen, für ALLE Kapitel. Ordne die Quellen den Fragen zu. Noch nicht die Inhalte aus den Quellen!!
3. Filtere jetzt die Inhalte aus den Quellen, fasse sie zusammen und schreibe sie direkt unter die jeweilige Frage, mit genauen Quellenangaben!!!
4. Prüfe sorgfältig, ob die Inhalte ausreichen und ergänze, falls nötig.
5. Formuliere den Text jeweils für einen Gliederungspunkt.
6. Schleife und überarbeite das Geschriebene, aber mit Pausen.

Hier ist die Zusammenfassung der Mikrofragentechnik:

Schritt	Erläuterung/Frage	Ergebnisse
Mikrofragen formulieren	Was soll genau in den einzelnen Kapiteln stehen?	Fragenliste
Quellen zuordnen	Aus welchen Quellen kommen die Inhalte?	Quellenliste zu jeder Frage
Antworten filtern	Welche Inhalte sind konkret geeignet?	Stichworte und Verweise auf Stellen
Text schreiben	Ausformulieren der Inhalte	Kapitel für Kapitel
Schleifen & Stylen	Korrektorat, Formatierung, Abbildungen etc.	Fertiger Text

Probiere die Mikrofragentechnik gleich aus:

- Sammle/formuliere ein paar Mikrofragen für Deine Kapitel Theorie und Forschungsstand.
- Suche passende Quellen dazu, indem Du im Inhaltsverzeichnis der Quellen nach übereinstimmenden Stichworten suchst. Schreibe die Quellen unter die Frage in dieser Form: (Autor Schmitz, 2015, Kapitel 3)
- Schreibe direkt in die Schreibvorlage.

Vorteile der Mikrofragentechnik:

- Kein leeres Blatt mehr!!! Und damit Schreibhemmungen adé.
- Schnelle Fortschritte, in Stunden statt Wochen.
- Viel weniger Zeit für Schreiben nötig. Pro Tag (8 h) sind 4 bis 5 Seiten machbar.
- Roter Faden steht, weil die Gliederungspunkte durch die Fragen aufeinander aufbauen.
- Zielgerichtetes Suchen in Quellen ist möglich statt Quellen-Berge zu lesen...
- Lücken in Quellensammlung werden früher sichtbar und damit überwindbar.
- Ausgewogene Quellenverweise möglich statt „Kleben" an einer Quelle.
- Klares Pensum: heute 10 Fragen schreiben, morgen 10 Fragen schreiben etc. = Disziplinierung.
- Die inhaltliche Abstimmung mit Betreuern ist viel einfacher.
- Das Ziel und die Ergebnisse der Arbeit werden viel früher sichtbar.
- Kaum noch Überraschungen. Das Projekt wird planbarer und damit leichter.

Tipps für das Formulieren der Mikrofragen:

- Nimm Dir 2-3 Tage Zeit zum Formulieren und Schleifen für ALLE Kapitel.
- Formuliere zwischen 5 und 20 Mikrofragen pro Unterkapitel.
- Nummeriere die Mikrofragen. Das erleichtert die Zuordnung der Quellen.
- Stelle nur offene Fragen, keine geschlossenen Fragen.
- Frage vom Allgemeinen zum Speziellen.
- Versuche, die Fragen zu operationalisieren. Schreibe also statt: Wie läuft der Prozess ab? besser: Welche Phasen enthält der Prozess? Und statt: Was passiert in welcher Phase? schreibe besser: Welche Aktivitäten finden in welcher Phase statt? Welche Mittel oder Techniken werden eingesetzt? Welche Veränderungen lassen sich bei Objekt Alfa erkennen?
- Denke an Klausuren. Stelle Dir vor, DU stellst Studenten eine Klausur zum Thema.
- Schreibe, wenn möglich nicht gleich los. Versuche lieber erst einmal, zu allen Fragen Quellen mit Antworten zu finden. Das sorgt dafür, dass Dein Text konsistent wird. Der Rote Faden ist dann einfacher einzuhalten. Du solltest es wenigstens ausprobieren.
- Schreibe immer gleich die Quellenverweise hin.

Welche Darstellungsmethoden gibt es im Text?

Tätigkeit	Erläuterung, Einsatzbereiche	Fragen	Tipps, Fehler
Definieren	Kennzeichne Inhalt, Umfang und wesentliche Merkmale eines Begriffs. Führe den Begriff auf einen Oberbegriff zurück: zu definierender Begriff = Oberbegriff + Artenmerkmale oder kennzeichnende Unterschiede.	Was ist das?	nie den Begriff selbst verwenden, zu lange Ausführungen vermeiden
Nennen	Aufzählen wesentlicher Merkmale und Ausprägungen eines Objekts oder Konzepts	Was gehört, zu diesem Konzept, zu diesem Objekt?	lange Erklärungen und Beschreibungen vermeiden

Tätigkeit	Erläuterung, Einsatzbereiche	Fragen	Tipps, Fehler
Skizzieren	Beschreibe die wesentlichen Merkmale/ Seiten eines Sachverhalts/ Zusammenhangs kurz und bündig, verbal oder grafisch.	Wie sieht das im Allgemeinen aus? Wie läuft das allgemein ab?	nicht zu detailliert, nicht zu viel Text schreiben, Grafiken nutzen
Beschreiben	Stelle die charakteristischen Merkmale eines Objektes/Phänomens (Gegenstände, Modelle, Prozesse etc.) heraus (nur verbal).	Wie sieht das genau aus? Wie läuft das konkret ab?	Roten Faden behalten, nicht nur Stichpunkte oder Aufzählungen aneinanderreihen
Darstellen	Beschreiben und veranschauliche die allgemeinen und besonderen Merkmale des Objektes/ Phänomens. Verbal oder grafisch.	Wie sieht der Sachverhalt, der Prozess im Einzelnen aus?	nur wenige Stichworte, unkonkrete Infos
Erläutern	Mache die allgemeinen Merkmale und Zusammenhänge eines Phänomens deutlich, indem Du konkrete Beispiele anbringst.	Wie kann man sich das beispielhaft vorstellen?	nur nennen, nur beschreiben
Begründen	Decke die Ursache-Wirkungsbeziehung auf. Führe Tatsachen und Zusammenhänge an, die Annahmen oder Behauptungen über einen bestimmten Sachverhalt stützen. Nenne die Ursachen dafür. Beweise die Behauptung.	Warum ist das so und nicht anders? Welche Ursachen gibt es dafür? Warum?	keine Gründe nennen, beschreiben, erläutern etc. statt begründen

Tätigkeit	Erläuterung, Einsatzbereiche	Fragen	Tipps, Fehler
Erklären	Vom Beschreiben eines Sachverhaltes musst Du zum Wesen vordringen. Führe Gründe und Ursachen für die Existenz eines Phänomens an.	Weshalb läuft dieser Prozess so ab und nicht anders?	beschreiben, ohne Ursachen nennen, keine Struktur in der Erklärung
Zeigen	Führe logische Argumente an, die eine Behauptung stützen. Benutze Beispiele.	Was unterstützt diese Behauptung?	nicht logisch vorgehen, Ursache-Wirkungs-Beziehung außer Acht lassen
Beweisen	Zeige, dass eine Behauptung zutrifft, indem man von bestimmten Annahmen durch richtiges, logisches Schließen zur Behauptung gelangt.	Ist das richtig? Wieso stimmt das?	nur ein Beispiel nennen, das zutrifft. Konkret argumentieren
Werten Bewerten (Kritisieren)	Werten erfordert Stellungnahme des Wertenden. Es müssen gesellschaftliche Normen im Vergleich zur persönlichen Meinung dargestellt werden. Ordne ein bestimmtes Phänomen anhand dieser Gesichtspunkte oder Kriterien ein. Entscheide, ob etwas in Bezug auf diese Kriterien positiv oder negativ, effektiv oder nicht effektiv ist. Arbeite Deinen eigenen Standpunkt heraus.	Wie stehe ich dazu? Wie sollte man dazu stehen? Wie ist das unter diesen und jenen Aspekten zu sehen?	Kriterien der Bewertung nicht klar dargestellt, zu wenig Struktur, lediglich beschreiben, was passiert.

Tätigkeit	Erläuterung, Einsatzbereiche	Fragen	Tipps, Fehler
Beurteilen	Stelle dar, wie ein bestimmtes Phänomen bezüglich eines bestimmten Kriteriums einzuordnen ist. Stelle seine Wirkung dar.	Wie ist das einzuschätzen? Ist diese Maßnahme richtig?	Zielbezug nicht im Auge behalten. Nur beschreiben.
Vergleichen	Arbeite anhand vorher definierter Kriterien Gemeinsamkeiten und Unterschiede heraus.	Worin bestehen die Gemeinsam-keiten und Unterschiede?	Über-Kreuz -Vergleichen. Keine logischen Kriterien. Sich verlieren in Beschreiben.

Weitere Tipps und Regeln für das Schreiben:

Beim Schreiben hilft der Input aus Quellenstudium und Analyse. Denn es ist ja kein freies Schreiben. Deswegen sind so genannte Frei-Schreibtechniken auch fraglich. Letzten Endes sind sachliche Informationen aneinanderzureihen. Das lässt sich nicht aus dem Kopf erledigen, allein schon wegen der Vorgabe, alle Fakten und nicht selbst gewonnenen Erkenntnisse mit Verweisen zu belegen. Verweise hat man nicht im Kopf!

Halte Dich an Deine Notizen

Mache ständig Notizen. Dann hast Du alle relevanten Inhalte für den Text und riskierst keine Schreibblockaden. Schreiben ist dann auch kein Stochern im Nebel mehr, sondern Fahren mit Navigationsgerät. Die Orientierung an den Erkenntnissen anderer verhindert, sich zu verirren.

Bleibe sachlich

Beschreibe die Sachverhalte sachlich und nüchtern. Formuliere aus Deinen Funden und Stichworten mit Überlegungen anschließend Deine Sätze und Absätze.

Ein Gedanke - ein Satz!

Diese Regel gilt immer beim Schreiben, vor allem aber beim Formulieren wissenschaftlicher Texte. Klingt einfacher als es ist.

Doch weil diese Regel einfach ist, lässt sich die Einhaltung bei der Kontrolle sehr gut überprüfen und Abweichungen korrigieren.

Nur Mut

Schreibe zuerst mal zu den Kapiteln, die Dir leicht erscheinen. Editiere und lektoriere SPÄTER. Du musst nicht gleich perfekt schreiben. Schau lieber auf den Inhalt als auf die Form. Schleifen geht hinterher immer noch.

Selbstkritisch sein

Sei immer bereit, bereits Geschriebenes infrage zu stellen. Allerdings nicht nach jedem Satz. Sonst könnte Mark Twain Recht haben: "Wenn wir so sprechen würden, wie wir schreiben, dann würden wir alle stottern."

Pausen

Mache Pausen! Wenn Du natürlich "einen Lauf hast" und die Sätze "aus der Feder fließen" mache weiter so lange Du kannst. Dennoch solltest Du alle 90 Minuten oder zwei Stunden etwa 10 bis 15 Minuten Pause machen.

Darf ich aus einem Buch eine andere Quelle zitieren?

Wissenschaftlich ist es nicht sauber. Aber man kann durchaus kleine, kurze Informationen zitieren, wenn man der Quelle vertraut!!! Aber besser vermeiden!

Richtig feiern können

Belohne Dich, wenn Du bestimmte Meilensteine im Schreiben erreicht hast.

Tipps für wissenschaftliches Formulieren

- Gedanken, die zusammengehören – ein Absatz.
- Finde präzise Formulierungen.
- Verwende klare Definitionen.
- Vermeide zu lange und zu kurze Beschreibungen von Sachverhalten.
- Nutze eine sachliche und nüchterne Sprache, nicht emotional.
- Vermeide stets von Superlative.
- Vermeide akute Übergänge.

- Wiederhole nicht Informationen aus Abbildungen oder Tabellen.
- Verweisen nicht direkt auf vorherige Kapitel, sonder greife Fakten auf.
- Schreibe nicht zu lange Absätze und nicht zu kurze Absätze.
- Schreibe nicht begeistert (außerordentlich, wunderbar etc.)
- Vermeide zu viele Kommata in einem Satz.
- Verwende den Doppelpunkt nur vor Aufzählungen.
- Nutze nur wenige wörtliche Zitate, für Definitionen oder bei Positionsvergleich.
- ICH und MEIN und WIR dürfen nicht vorkommen.
- Vermeide das Wort "man" möglichst.
- Sei kritisch mit Nebensätze.
- Vermeide Schachtelsätze.
- Sei kritisch mit Lieblingswendungen. Sie sollten nicht zu oft auftauchen.
- Sorge für Abwechslung in den Verben.
- Verwende wenn möglich Detailbegriff statt Oberbegriff. (Student statt Person.)
- Vermeide Häufungen von Substantiven.

Das Wichtigste auf einen Blick:

1. Technik macht alles leichter, auch das Schreiben.
2. Halte inne und mache Dir die Mikrofragen-Technik zu eigen.

Mögliche „Mini"-Sprints (Änderungen, Ergänzungen):

Entwickle Deine Fähigkeit, die richtigen Fragen an den richtigen Stellen zu formulieren. Nutze die Fragentechnik immer und immer wieder.

Sprint 28. Schreibe das Kapitel Theorie

Warum?	Du willst das erste fertige Kapitel.
Dein Ziel?	...ist ein kompletter Entwurf des Theorie-Kapitel
Was steht danach NEU im Text?	Die theoretischen Grundlagen zu den Begriffen
Dauer	40 - 60 h über 15 Tage

Was gehört überhaupt in das Theorie-Kapitel?

Theorien sind gesichertes Wissen über ein bestimmtes Objekt. Ein zentrales Element von Theorien sind Modelle. Modelle können Texte oder Abbildungen oder Formeln oder Übersichten sein. Sie bilden einen Rahmen (Framework) für alle weiteren Forschungsaktivitäten. Ok, das war eine Wiederholung... Sorry!

Das Theorie-Kapitel enthält die Definitionen und möglichst präzise Beschreibungen der Inhalte der Begriffe im Thema. Hier sind Beispiele für Modelle zu Fachbegriffen:

Stichwort	Modelle
Leseschwäche (Pädagogik)	Leseprozess, Kompetenzen
Nanotechnologie (Ingenieurwissenschaft)	Nano-Strukturen, Technologie-Modelle
Digitalisierung (BWL)	Datenmodelle, Prozessmodelle, Entscheidungsmodelle, Ressourcen-Modelle
Bewältigungsstrategien (Psychologie)	Coping-Modelle, psychologische Faktoren aller Art
Migration (Soziologie)	Soziale Gruppen, soziale Bewegungen, Motive

Stichwort	Modelle
Bargeldabschaffung (VWL)	Geldmodelle, Politische Ökonomie, Geldpolitik, Transmissionsmechanismen
Urbanisierung (Geografie)	Stadt als sozialer Raum
String Theorie (Mathematik)	Graphen
E-Governance (Politikwissenschaft)	Verwaltung, Datenmodelle

Wozu brauche ich diese Theorien und dieses Kapitel?

Du brauchst einen Anfang! Willst Du die Best practices der Digitalisierung in Großunternehmen untersuchen, dann musst Du diese drei Begriffe komplett definiert haben: Best practices, Digitalisierung, Großunternehmen. Dazu solltest Du Dich EINZELN um die Begriffe kümmern und zuerst fragen: Was sind Best practices? Was ist Digitalisierung? Was sind Großunternehmen? Dann formuliere diese Fragen um: Welche Merkmale kennzeichnen Best practices? Welche Merkmale kennzeichnen Digitalisierung? Welche Merkmale kennzeichnen Großunternehmen? Dann kannst Du gezielt nach den Details suchen.

Wie sollte ich es nicht machen?

In der Praxis gibt es den Reflex, sofort nach Quellen zum Thema zu suchen. Dabei werden die Begriffe gleich verbunden wie z. B. Best practices Digitalisierung Großunternehmen. Dazu finden sich natürlich eine Handvoll Quellen. Aber damit hast Du zum einen zu wenig Input für den Forschungsstand und zum zweiten ist das Finden der Forschungslücke eher ein Puzzle als eine systematische Ableitung. Du brauchst die Beschreibung der einzelnen Begriffe als Basis für die weiteren Schritte.

Wie gehe ich vor?

- Kopiere die Definitionen aus dem Exposé in Deine Schreibvorlage.
- Formuliere Mikrofragen zu den Kapiteln und Unterkapiteln.
- Suche oder ergänze die Quellen mit den Antworten.
- Filtere die Inhalte aus den Quellen und beantworte damit die Mikrofragen.

- Formuliere die Inhalte aus.
- Lass den Text-Entwurf liegen.
- Schleife den Entwurf einmal und dann auf zum nächsten Kapitel. Das wird sicher noch nicht das letzte Schleifen gewesen sein.

Warum sollte ich das Theorie-Kapitel jetzt schon schreiben?

Du kommst jetzt ins Schreiben.
Du hast die ersten Seiten und damit ein gutes Gefühl.
Du hast eine klare Vorstellung von Deinen Begriffen und Modellen, unterlegt mit echten Quellen. Das ist ein enormer Vorteil.

Welche Quellen sind besonders sinnvoll, welche nicht?

Fachbücher wie Lehrbücher in Grundlagenfächern sind adäquate Quellen für Definitionen und Modelle. Sie enthalten auch grundlegende Modelle, auf denen die weiteren Forschungen beruhen.
Echte Internetquellen dienen mehr als Inspiration und zum Finden von seriösen Quellen. Sie sollten daher nicht als Quelle angegeben werden

Sollte ich in dem Theorie-Kapitel auch schon Studien verwenden?

Eigentlich nicht, weil in diesen schon detaillierte Modelle enthalten sind. Die gehen meist über die Grundlagen hinaus
Studien sind aber eine gute Inspiration für die Auswahl der Modelle.

Wie lang sollte das Kapitel Theorie sein?

Nicht mehr als ca. 15-20% der Dissertation.

Was ist überhaupt der Unterschied zwischen den Kapiteln Theorie und Forschungsstand?

Im Theorie-Kapitel werden die Begriffe aus dem Thema ISOLIERT betrachtet und mit Modellen und Theorien beschrieben. Im Forschungsstand dagegen werden die bisherigen Studien über den ZUSAMMENHANG zwischen den Begriffen betrachtet. Beispiel: Ebooks und Weiterbildung. **Theorie**: Kap 2.1 Nur Ebooks Kap 2.2 Nur Weiterbildung. **Forschungsstand**: Studien zu Ebooks in der Weiterbildung...

Beispiel für Inhalte im Theorie-Kapitel für ein Thema:

Thema: *Entwicklung des Ebook-Marktes in Deutschland*

Die grundlegenden Begriffe sind Ebook, Markt, Marktentwicklung und Ebook-Markt. Also sind erstmal jeweils 1-2 Seiten über diese vier Begriffe zu schreiben. Ja, der Begriff Marktentwicklung muss erstmal theoretisch erklärt werden. Das ist sogar der Schlüssel zum Thema. Wie entwickelt sich ein Markt? Welche Formen, Strukturen, Phasen gibt es? Das sind keine trivialen Fragen, da ein Markt komplex ist.

Thema: "Entwicklung der Krankheit K-12 bei AB-Patienten unter XX-Bedingungen"

Thema: "Einfluss von Nachhilfe im Fach Mathematik auf die Problemlösungsfähigkeiten von Grundschülern"

Überlege Dir jeweils selbst die Inhalte im Theorie-Kapitel.

Sollte ich das Kapitel Theorie den Betreuern zeigen?

Eher noch nicht, erst wenn der Forschungsstand steht. Viele Betreuer halten die Einbeziehung solch grundlegender Modelle für überflüssig, weil das ja bekanntes Wissen ist. Dabei geht es aber gar nicht um die Belehrung des Lesers, sondern die Ableitung der eigenen Schlüsse und Schlussfolgerungen aus Bekanntem. Dazu muss man bei den grundlegenden Begriffen anfangen. Wo auch sonst?

Übrigens! Frage doch mal ketzerisch: Wenn das so klar ist (Beispiel Bewältigung oder Bargeld oder Projektmanagement etc.) warum gibt es dann so viele verschiedene Definitionen und Modelle? Und warum sind viele Modelle so löchrig?

Das Wichtigste auf einen Blick:

1. Die Definitionen und Modelle im Kapitel Theorie bilden die Text-Basis.
2. Sei sorgfältig beim Schreiben und nutze nur anerkannte Quellen.
3. Bereite das Schreiben gut vor, aber verbringe nicht Wochen damit.

Mögliche „Mini“-Sprints (Änderungen, Ergänzungen):

Überarbeite das Kapitel Theorie am Ende der Arbeit noch einmal, wenn Du alles geschafft hast.

Sprint 29. Schreibe das Kapitel Forschungsstand

Warum?	Du willst das Kapitel fertig haben.
Dein Ziel?	...ist ein fertiger Entwurf des Forschungsstand-Kapitels.
Was steht danach NEU im Text?	Aktueller Forschungsstand aus Studien
Dauer	30 - 40 h über 10 Tage

Was sind die Inhalte im Kapitel Forschungsstand?

Im Kapitel Forschungsstand werden die bisherigen Erkenntnisse über die Forschungsfrage zusammengetragen. Dabei handelt es sich um spezielles Wissen und noch wenig gesichertes Wissen. Außerdem ist es noch wenig systematisiert. Die Inhalte finden sich in wissenschaftlichen Artikeln, den so genannten papers.

Typisch ist, dass sich EIN Artikel nur auf EINEN kleinen Ausschnitt konzentriert. Das Kapitel Forschungsstand ist deshalb eher ein Puzzle als eine überschaubare Theorie zum Thema. Diese beginnt gerade, sich zu formen. Diese verstreuten Wissenselemente machen es so schwierig, den Überblick zu bekommen. Aber mit Hilfe des Literature Reviews gelingt das.

Wie schreibe ich das Kapitel Forschungsstand?

- Stelle die Review Matrix fertig.
- Schreibe kurze Zusammenfassungen der wichtigsten Studien ODER kopiere die Tabelle als Ersatz in das Kapitel.
- Formuliere Mikrofragen für die Diskussion.
- Sammle und sortiere die Argumente für die Diskussion aus den Studien.
- Trage die Inhalte per Diktier-App ein.
- Formuliere die Diskussion aus.
- Lass den Entwurf liegen.
- Schleife ihn noch einmal und dann auf zum nächsten Kapitel.

Warum sollte ich das Kapitel Forschungsstand jetzt schon schreiben?

Du bekommst ein gutes Gefühl.
Die Klärung der Begriffe ist abgeschlossen.
Die Forschungslücke ist wirklich klar.

Wie gehe ich mit den Forschungslücken um?

Genau danach suchst Du ja, nach Forschungslücken in den Studien. Die Forschungslücken musst Du im Modell deutlich machen.

Sollte ich das Kapitel nicht später schreiben, kurz vor dem Fertigwerden, weil ich dann auch die neuesten Studien habe?

Nein. Du brauchst jetzt die Basis. Sicher kommen immer noch ein paar Studien dazu. Aber: Das Kapitel ist die Basis für Dein Modell und Deine Analyse

Wie viele Studien sind genug?

Lieber erstmal zu wenige als zu viele. Ja, wirklich! Denn jede Studie kostet Zeit. Wenn Du später Studien "rauswirfst", wirfst Du praktisch Zeit weg...
Füge erst mal nur die wichtigsten 20 Studien ein und dann schau später, welche noch passen.
Für eine Dissertation sind in der Regel mehr als 50 Studien relevant.

Das Wichtigste auf einen Blick:

1. Die Erkenntnisse aus anderen Studien sind die Basis für Dein Forschungsdesign, Deine Leitfrage, Methodenwahl und Datenwahl.
2. Arbeite entlang der Matrix und der fünf Listen. Sei sorgfältig und habe lieber zu wenige aber sehr gute Quellen.
3. Ergänze das Kapitel, wenn neue gute Studien auftauchen.

Mögliche „Mini"-Sprints (Änderungen, Ergänzungen):

Ergänze das Kapitel Forschungsstand mit neuen Studien und überarbeite es vor dem Finale der Arbeit noch einmal.

Sprint 30. Schreibe das Kapitel Modell

Warum?	Du willst das Kapitel fertig haben.
Dein Ziel?	...ist ein fertiger Entwurf des Modell-Kapitels.
Was steht danach NEU im Text?	Das Kapitel 4 Modell-Entwurf
Dauer	20 - 25 h über 7 Tage

Wie schreibe ich das Kapitel Modell-Entwurf?

Wende die Mikrofragen-Schreibtechnik an:

- Finde die Quellen mit ergiebigen Inhalten zu einem Modell.
- Sammle und sortiere die Inhalte für die Mikrofragen aus Büchern und Studien.
- Trage die Inhalte unter die Mikrofrage ein (geht auch per Diktier-App).
- Sammle die Inhalte, wenn möglich, erst für alle Mikrofragen.
- Formuliere dann die Antworten aus. QUELLENVERWEISE SIND EIN MUSS!!!
- Lass den Entwurf liegen und schleife später.
- Gehe zu den Ergebnissen von Sprint 15 und lies Dir alles durch.

Nutze diese Mikrofragen, um das jeweilige Modell zu beschreiben:

- Welche Prämissen liegen dem Modell zugrunde?
- Welchen Zweck hat das Modell? Welche Phänomene soll es erklären?
- Wie sieht das Modell aus? Welche Variablen sind enthalten? Welche nicht?
- Was bedeuten welche Variablen?
- Welche Ausschnitte aus der Realität lassen sich damit abbilden oder simulieren?
- Welche bisherigen Anwendungsbereiche gibt es? Wie ist der Gültigkeitsbereich?
- Welche Stärken hat das Modell? Welche Phänomene kann es gut erklären?
- Welche Schwächen hat das Modell? Welche Phänomene kann es nicht gut erklären?

- Welche empirischen Belege gibt es für die Gültigkeit seiner Aussagen? In welchen Studien wurde das Modell bisher erfolgreich eingesetzt?
- Welche Weiterentwicklungen gibt es bisher?
- Welche Gegenargumente haben bestimmte Autoren gegen die bishgerigen Erklärungsansätze? Wie stichhaltig sind die Ansätze?
- Welche anderen Modelle sind mit dem Modell verbunden?
- Welche Argumente sprechen für die Einbeziehung in die Dissertation, welche dagegen?

Sollte ich das Kapitel dem Betreuer zeigen?
Ja, zusammen mit Theorie und Forschungsstand. Deine Quellenarbeit wird sich bezahlt machen. Du wirst schneller grünes Licht bekommen als Du denkst.

Reicht es nicht, wenn ich das Modell als Abbildung bringe und auf die Originalquellen verweise? Wozu sollte ich so viel zu dem Modell schreiben?
Dein Projekt baut auf diesem Modell auf. Du musst es daher im Detail beschreiben. Du wirst z. B. aus jeder Variable einen bestimmten Schluss ziehen (Datentyp, Datenquelle, Auswertungsmethode, Interpretation etc.). Daher musst Du diese Details zu den Variablen auch darlegen. Dann kannst Du darauf verweisen. Wenn es noch wenig empirische Belege für das Modell gibt, dann könnte es Deine Chance sein, selbst welche zu beschaffen. Oder es ist ein Hinweis, dass das Modell nicht geeignet ist, weil zu abgehoben. Modelle, welche nicht empirisch überprüfbar sind, müssen überprüfbar gemacht werden oder lassen sich nicht nutzen.

Wann sollte ich später auf das Modell-Kapitel zurückkommen?
Du wirst es bei allen folgenden Kapiteln brauchen. Bei der Methodik verweist Du auf die Methoden, welche in den Ausgangsmodellen verwendet wurden. Bei den Daten brauchst Du es, bei den Ergebnissen, bei der Diskussion und auch beim Fazit.
Also praktisch immer und überall. Übrigens ist das Modell auch für die Präsentation in der Verteidigung und das Paper sehr nützlich.

Könnte sich in dem Kapitel Modell später noch was ändern?

Ja, aber das sollten nur Kleinigkeiten sein. Die aus Studien gewählten Modelle werden sich sicher nicht mehr ändern.

Das Wichtigste auf einen Blick:

1. Das Modell ist Dein Kompass und die Vorbereitung des Ergebnis-Kapitels.
2. Das Kapitel ist solange ein Entwurf, bis Du mit Deiner Arbeit durch bist.
3. Ergänze das Kapitel, wenn neue gute Studien auftauchen.

Mögliche „Mini"-Sprints (Änderungen, Ergänzungen):

Überarbeite das Kapitel Modell-Entwurf, wenn Du Deine Ergebnisse am Ende der Analyse in das Modell einbaust, um die Lücke zu schließen. Mache das im Gleichklang.

MEILENSTEIN 5:
Forschungsplan ist fertig!

MEILENSTEIN 5:
Forschungsplan ist fertig!

Warum?	Du willst ein fertiges Methodenkapitel.
Dein Ziel?	...ist ein kompletter Entwurf des Methodenkapitel.
Was steht danach NEU im Text?	Das Methodenkapitel
Dauer	154 h, ca. 20 Arbeitstage

Sprint 31. Formuliere Detailfragen und Hypothesen

Warum?	Du willst detaillierte Fragen oder/und Hypothesen.
Dein Ziel?	...ist eine Liste von Detailfragen und falls möglich Hypothesen als Basis für Datenerhebung und Datenanalyse.
Was steht danach NEU im Text?	Die Detailfragen und, falls zutreffend, Hypothesen im Kapitel Detailfragen
Dauer	10 - 15 h über 4 Tage

Was sind Detailfragen?

Detailfragen sind Fragen, welche die Forschungsfrage in kleinere Fragen zerlegen. Die Antworten auf die Detailfragen beantworten letztlich die Forschungsfrage.

Nach welchem Schema kann ich die Detailfragen formulieren?

Beispiel-Thema: "Social Media Verhalten von Kunden von Schokoladen-Firmen"
Forschungsfrage: Welche Charakteristika weist das Social Media Verhalten von Kunden von Schokoladen-Firmen auf?

Du kannst fragen nach:

- den Attributen eines Objekts (wie Vorlieben von Leuten),
- den Varianten eines Objekts oder Faktors (wie Motiv 1, 2, 3 einer Person),
- den Elementen oder Bestandteilen eines Objekts oder Faktors (wie Motive, Wissen, Ansichten, Erfahrungen, Vorlieben, Fähigkeiten einer Person oder Gruppe).

Nehmen wir gleich Beispiele dafür.

Frage nach den Attributen eines Objekts

Thema: Einfluss von Nachhilfe auf die persönlichen Kompetenzen von Abiturienten – eine empirische Analyse
Detailfrage 1: Welchen Einfluss hat Nachhilfe auf die sozialen Kompetenzen von Abiturienten?
Detailfrage 2: Welchen Einfluss hat Nachhilfe auf kommunikative Kompetenzen?
Detailfrage 3: Welchen Einfluss hat sie auf Selbstorganisations-Kompetenzen? etc.

Frage nach den Varianten eines Objekts oder Faktors

Thema: Einflussfaktoren in der Digitalisierung von Geschäftsprozessen – eine empirische Analyse
Detailfrage 1: Welche Rolle spielt Einflussfaktor A (Firmengröße)?
Detailfrage 2: Welche Rolle spielt Einflussfaktor B (Branche)?
Detailfrage 3: Welche Rolle spielt Einflussfaktor C (Lieferkette)? etc.

Frage nach Elementen/Bestandteilen eines Objekts oder Faktors

Thema: Einflussfaktoren in der Digitalisierung von Geschäftsprozessen – eine Analyse
Unser Objekt sind die Geschäftsprozesse, welche bestimmte Phasen aufweisen.

Detailfrage 1: Welche Auswirkungen hat Einflussfaktor A (wie IT-Ausstattung) auf die Digitalisierung der Planung von Geschäftsprozessen?
Detailfrage 2: Welche Auswirkungen hat Einflussfaktor A auf die Digitalisierung der Dokumentation von Geschäftsprozessen?
Detailfrage 3: Welche Auswirkungen hat Einflussfaktor A auf die Digitalisierung der Überwachung von Geschäftsprozessen? etc.

Weitere Schemata:

Weitere ähnlich gelagerte Schemata gibt es für Prozess-Analysen (Phasen oder Stakeholder oder Faktoren...), für Risiko-Analysen (Risiko 1, 2, 3), Ursachen-Analysen (Ursache 1, 2, 3...), Pattern-Analysen (Pattern/Merkmal 1, 2, 3...) und noch viele mehr.

Wie stelle ich sicher, dass die Detailfragen konkret sind?
Die Detailfragen müssen offen und operationalisiert sein. Die besten Fragewörter sind WELCHE (plus Wörter wie Risiken, Barrieren, Merkmale etc.) und WIE VIELE, WIE OFT. Mit den Fragewörtern WIE (Wie läuft das ab?), WAS (Was wollen Kunden?) und WO (Wo kommt das vor?) kannst Du starten. Aber dann musst Du konkret werden. Diese Fragewörter sind zu offen, zu global. Die Antworten sind keine Listen oder Übersichten, sondern viel Text mit Beschreibungen. Man weiß auch gar nicht, wo man anfangen soll.

Nehmen wir: WAS (Was wollen Kunden?)
Kunden wollen wenig Geld ausgeben, Sicherheit, Spaß, keine Zeit verschwenden etc. Mit solchen Antworten kann ich wenig anfangen, wenn es um Produkte für Kunden geht. Frage also besser in dieser Art: Welche Erwartungen haben XY-Kunden an das Produkt AB? Oder noch konkreter und damit besser: Welche Erwartungen (Anforderungen) haben XY-Kunden an das Attribut Alfa (Maße) des Produktes Beta (Waschmaschine)? Diese Frage ist zwar schwerer zu beantworten aber dafür ist die Antwort brauchbar.

Hypothesen

Hypothesen sind streng genommen nur notwendig und sinnvoll in quantitativen Untersuchungen. Dazu gehören Umfragen und Datenanalysen aller Art. Allerdings werden mitunter auch globale Vermutungen als Hypothese bezeichnet.

Was ist eine Hypothese? Wie sieht sie aus?

Eine Hypothese ist eine Vermutung oder Behauptung in Form einer Aussage über einen Zusammenhang zwischen zwei Gegebenheiten oder Elementen oder Faktoren. Sie kann auf ihre Gültigkeit hin überprüft und entweder bestätigt oder widerlegt werden.

Sie ist eine Formulierung nach dem Schema: **Wenn – dann** (bei diskreten Merkmalen wie Mann oder Frau, Stadt- oder Landbewohner) ODER je – desto (bei Merkmalen mit kontinuierlichen Ausprägungen wie Einkommen, Anzahl der gelesenen Bücher, Überstunden etc.)

Beispiele:

Wenn Ehepaare ein Kind haben, dann ist die Scheidungswahrscheinlichkeit geringer als bei kinderlosen Ehepaaren.
Je mehr Kinder eine Familie hat, umso höher sind ihre Ausgaben für Lebensmittel.
Je qualifizierter ein Lehrer ist, umso besser sind die Leistungen seiner Schüler.

Wichtig ist, dass die einzelnen Elemente im Satz klar definiert sind. Nur auf der Grundlage einer eindeutigen Definition lassen sich Daten zur Prüfung der Hypothesen sammeln. Hypothesen können einfach formuliert werden. ABER: diese einfachen Formulierungen können nur der Ausgangspunkt für die echten Hypothesen sein!

Beispiel: Triathleten werden seltener krank als Kraftsportler (das ist natürlich ziemlich vereinfacht und lässt sich so nicht prüfen). Letztlich muss diese Aussage in eine wenn-dann oder je-desto Form gebracht werden

Regeln für die Formulierung und Formatierung von Hypothesen:

- Eine Hypothese besteht immer nur aus einem Satz.
- Eine Hypothese hat maximal ein Komma.
- Eine Hypothese enthält in der Regel nicht das Wort "oder" (Ausnahme: Kanzler oder Kanzlerin oder ähnliche Personen) und besser auch nicht das Wort „und".
- Eine Hypothese enthält immer nur zwei Elemente, nicht drei oder mehr.
- Alle Substantive in der Hypothese müssen eindeutig definiert werden können.

- Typischerweise werden in einer Hypothese bestimmte Elemente mit bestimmten Merkmalen mit anderen Elementen mit bestimmten Merkmalen kombiniert. In unserem Beispiel ist es ein Lehrer, der qualifiziert ist und auf der anderen Seite eine Leistung, die ein bestimmter Schüler oder eine Gruppe von Schülern erbringen kann.
- Hypothesen werden über Quantitäten getestet.
- Hypothesen werden nummeriert mit H1, H2, H2a, H2b etc.

Wie viele Detailfragen und Hypothesen brauche ich?

Das hängt vom Objekt ab. Sicher sind es mehr als 5 Detailfragen, aber unter 25. Dasselbe gilt für Hypothesen. Du solltest aber auch jeden Fall erstmal die Detailfragen formulieren.

Welche Schritte gehe ich beim Aufstellen von Hypothesen

Schritt 1: eine themenrelevante Tatsache formulieren

Beispiele (voller Stereotype...):

- Akademiker sind klug.
- Kinder lieben Musik.
- Ebook Leser wissen mehr.
- Ebook Leser verdienen mehr.
- Ebook Leser haben klügere Kinder.

Schritt 2: alle Substantive mit Attributen rausschreiben.

Die Substantive sind unsere Variablen. Sie lassen sich erkennen, beobachten und beschreiben. Attribute machen ein Substantiv bereits zu einem anderen Objekt.

Beispiele:

- Ebook Leser wissen mehr.
- Fleißige Ebook Leser verdienen mehr.

Lassen sich Verben substantivieren?

Klar, siehe diese Beispiele.

Verb: wissen => Substantive: Wissen, Kenntnisse

Verb: verdienen => Substantive: Einkommen, Verdienst, Gehalt

Verb: lieben => Substantive: Vorliebe, Präferenzen, Anteil an der Freizeit

Lassen sich Attribute substantivieren?
Ja, mehr wissen = Mehr Fachkenntnisse (bessere Ergebnisse in Wissenstests)
Klüger = Mehr Kenntnisse, bessere Schulnoten (naja...)

Schritt 3: Substantive in Wenn und Dann (oder je – desto) Teil einsortieren.
Ebook-Leser sind klüger.
Substantiv im Wenn-Teil: Ebook-Leser
Substantiv im Dann-Teil: das Substantiv fehlt!!! Wir müssen es hinzufügen.

Schritt 4: Fehlende Substantive definieren oder ableiten.
Im DANN Teil ist oft das Gegenteil des Wenn-Substantivs zu finden:
WENN: Ebook-Leser
DANN: Nicht-Ebook-Leser
Es können aber auch einfach zwei Substantive mit verschiedenen Adjektiven (wieder Attribute) sein.
Beispiele: einsprachige Kinder, zweisprachige Kinder
Ebook-Leser, die Fachbücher lesen
Ebook-Leser, die Belletristik-Bücher lesen
Das sind an sich keine Gegensatzpaare im Sinne von einem direkten Gegensatz wie gut und schlecht. Aber sie stehen sich in der Hypothese gegenüber. Letztlich lassen sich auch diese Aussagen wieder in WENN-DANN Formulierungen überführen.

Beispiele:
Wenn Menschen Fach-Ebooks lesen, dann haben sie mehr berufliche Kenntnisse als Belletristik-Ebook-Leser.
Wenn Kinder zweisprachig sind, dann haben sie bessere Noten im Sprachunterricht (als einsprachige Kinder). Füge immer die anderen Substantive hinzu! Der Satz funktioniert eigentlich auch ohne die Inhalte in der Klammer. Aber füge sie besser hinzu, dann ist der Satz präzise und eindeutig.

Schritt 5: Wenn und Dann Teile ausformulieren.
Achte auf jedes Wort. Formuliere so, dass die Aussage klar und auch elementar ist.
Eine erste Version der Hypothese: Wenn Menschen viele Ebooks lesen, dann haben sie mehr Wissen als Nicht-Ebook-Leser.

Da es Abstufungen in der Anzahl der Ebooks gibt, formulieren wir besser Je – desto/umso: Je mehr Fach-Ebooks Menschen lesen, umso mehr Fach-Kenntnisse haben sie im Vergleich zu Nicht-Ebook-Lesern/Wenig-Ebook-Lesern.

Variante: eine gegenteilige Hypothese formulieren
Wir bilden ein Hypothesenpaar mit 1) Nullhypothese = kein Einfluss und 2) Alternativhypothese = Einfluss. Dann sind beide Varianten überprüfbar. Ist eine Hypothese falsch, ist automatisch das Gegenteil wahr.

Schritt 6: Ermitteln, wie eine Hypothese geprüft werden kann
Prüfen heißt, Informationen über die Objekte in der Hypothese sammeln und dann statistisch auswerten. Es geht also um Messen und Erfassen und Rechnen.
Nehmen wir die Ebook-Leser. Das können wir für diese erheben oder ermitteln:

- Wissensstand
- Verdienst
- Schulleistungen der Kinder
- Anzahl der gelesenen Fach-Ebooks pro Zeitraum

Dieselben Größen ermitteln wir für die Nicht-Ebook-Leser!
Formuliere also Hypothesen so, dass sie überprüfbar sind.
Einfache Hypothese: Ein Akademiker ist klüger als andere.
Präzise:
Wenn ein Mensch einen akademischen Abschluss hat, dann schneidet er in Wissenstest besser ab als Menschen ohne akademischen Abschluss.
Oder das Beispiel mit dem Triathlet:
Einfache Variante: Triathleten werden seltener krank als Kraftsportler.
Bessere Variante: Wenn ein Triathlet mindestens 15 h Ausdauertraining über 12 Monate absolviert, dann ist die Häufigkeit von Krankheitsdiagnosen geringer als bei Kraftsportlern, die dieselbe Anzahl Stunden Krafttraining absolvieren.

Woher weiß ich, dass sich für die Hypothesen Daten finden lassen?
Das ist ein wichtiger Punkt. Hypothesen musst Du mittels Daten prüfen können. Erinnere Dich, der Zugang zu Daten war einer der entscheidenden Aspekte beim Einstieg in die Arbeit... Wir beschäftigen uns ausführlich mit den Daten im nächsten Schritt.

Kann ich nicht erstmal mit einfachen Hypothesen anfangen?

Natürlich. Du fängst mit einfachen Formulierungen an. Aber dann musst Du die Hypothese so lange schleifen, bis sie konkret ist und sich prüfen lässt. Dann erst weißt Du, welche Daten Du erheben musst.

Was passiert, wenn ich eine Hypothese verwerfen muss? Ist das nicht negativ?

Es ist wie es ist. Die bisherige Forschung hat bestimmtes Wissen zutage gefördert und Du hast es jetzt im Detail überprüft. Es ist doch nicht Deine Schuld, dass es keinen Ursache-Wirkungs-Zusammenhang z. B. zwischen den Erfahrungen von Lehrenden und den Leistungen ihrer Schüler gibt.

Wie leite ich die Hypothesen überhaupt inhaltlich her? Die denke ich mir doch nicht aus, oder?

Die Hypothesen beschreiben die Forschungslücke in einer überprüfbaren Form. Sie ergeben sich folglich aus der Forschungslücke und im speziellen aus Deinem Modell mit den Variablen. Formuliere also jeweils eine Detailfrage zu zwei Variablen oder Objekten. Formuliere dann daraus die Hypothese. Aber natürlich wirst Du erstmal Notizen machen, nur für Dich. Die Entwürfe sind nie vorzeigbar.

Das Wichtigste auf einen Blick:

1. Die Detailfragen helfen Dir, konkret zu werden und zu bleiben.
2. Sie geben Orientierung in den Analysen und beim Schreiben der Ergebnisse.
3. Hypothesen brauchst Du bei quantitativen Analysen.

Mögliche „Mini"-Sprints (Änderungen, Ergänzungen):

Überarbeite die Detailfragen nur, wenn es notwendig ist. Mitunter sind aber Ergänzungen oder Verfeinerungen sinnvoll.

Sprint 32. Entscheide über die Datenbasis

Warum?	Du willst Deine Datenquellen klarmachen.
Dein Ziel?	...ist eine genaue Abgrenzung Deiner Datenquellen wie Probanden oder Experten oder Datenbanken.
Was steht danach NEU im Text?	Das Kapitel Datenbasis
Dauer	5 - 8 h über 3 Tage

Welche Arten von Daten gibt es?

- Daten in Datenbanken (Beispiele: Zeitreihen aller Art, Sozialstatistiken, Nutzungsstatistiken, Leistungsdaten),
- Daten in Texten aller Art (Beispiele: Studien, Interviews, Keynotes, Präsentationen, Protokolle),
- Daten als Wissen von Experten (Beispiele: Berater, Pädagogen, Projektmanager),
- Daten verbunden mit Objekten und deren Interaktionen (Beispiele: Personen, Gruppen, Motoren, Häuser, Materialien aller Art).

Welche Fragen zu den Daten muss ich beantworten?

- Welche Daten will ich?
- Wo finde ich sie? Welche Quellen kommen in Frage? Welche nicht und warum nicht?
- Auf welchen Wegen sichere ich die Qualität der Daten?
- Welche Kriterien spielen bei der Auswahl der Datenquellen eine Rolle?

Was muss ich alles definieren und entscheiden?

- Profil der Datenquellen,
- Genaue Gruppe definieren,
- Prüfkatalog von Einschlusskriterien, Ausschlusskriterien,
- Zugangswege definieren,

- Hilfsmittel für Erhebung erstellen, aus Vorstudie weiterführen,
- Mikrofragen formulieren und beantworten,
- Wer, was, wo, wie viele, womit, wann,
- Risiken und Eventualitäten.

Wie beschreibe ich meine Daten?

Zuerst definiere sie mit den wesentlichen Merkmalen. Dann liste die abgefragten oder zu erhebenden Merkmale auf. Nutze Listen oder Tabellen oder auch grafische Modelle. Wichtig ist, dass die Variablen und die dazugehörigen Daten sichtbar sind.

Was ist zu tun, wenn ich bestimmte Daten nicht bekommen kann?

Ohne Daten wird das nichts mit Erkenntnissen... Versuche, die Daten zu bekommen. Zwei Fälle lassen sich unterscheiden. Du bekommst aus einer Datenquelle keine Daten. Dann suche eben eine andere.

Oder zu einer bestimmten Variable findest Du keine Daten. Das könnte das gesamte Projekt gefährden. Suche also bis Du fündig wirst. Eventuell gibt es Ersatzdaten, also Variablen, die einen Teil der Daten ausmachen.

Falls Du bestimmte Daten gar nicht bekommen kannst, dann musst Du den Fokus der Arbeit etwas verändern.

Beispiel: Lesezeiten bei Ebooks. Du bekommst nicht genug Datensätze von Lesern. Das wäre negativ für die Analyse. In diesem speziellen Fall sollte das aber gar nicht passieren, weil es Millionen Leser gibt. Also, streng Dich an.

Das Wichtigste auf einen Blick:

1. Die Wahl des Daten-Samples entscheidet über die Erkenntnisse der Arbeit.
2. Beziehe bei der Wahl der Daten die Ergebnisse der Vorstudie ein.
3. Sei jetzt sicher, dass Du die Daten bekommen kannst.

Mögliche „Mini"-Sprints (Änderungen, Ergänzungen):

Die Beschaffung der Daten ist eine der größten Aufgaben während der Arbeit. Die Entscheidung für die Daten wird also immer wieder zu prüfen und die Auswahl gegebenenfalls anzupassen sein.

Sprint 33. Entscheide über die Methodik

Warum?	Du willst die passenden Methoden.
Dein Ziel?	...ist eine Liste geeigneter Methoden.
Was steht danach NEU im Text?	Das Kapitel Methodik
Dauer	5 - 8 h über 3 Tage

Wie beschreibe ich im Text meine Methodenwahl?

Beantworte diese Mikrofragen zur Auswahl der Methoden:

- Welche Methoden kommen für die Analyse infrage?
- Was sind die Entscheidungskriterien für die Methodenwahl?
- Aus welchen Gründen nutze ich eine bestimmte Methode?
- Was spricht gegen eine bestimmte Methode, ist aber nicht problematisch oder ein lösbares Problem?
- Welche Methoden kommen auch in Frage, werden aber nicht angewendet und warum nicht?
- Wie genau funktioniert die gewählte Methode?
- Wie genau wird die Methode angewendet? Welche Schritte werden gegangen?
- Auf welche Art und Weise wird sichergestellt, dass die gewünschten Daten mit der Methode gewonnen werden können?

Welche Kriterien spielen welche Rolle bei der Auswahl der Methoden?

- Die Methode kann die Daten beschaffen und auswerten.
- Die Methode der Datenerhebung ist adäquat und beschafft die richtigen Daten, deckungsgleich mit den Variablen.
- Die Methode der Datenanalyse ist adäquat und liefert zuverlässige Ergebnisse, die interpretiert werden können.

- Persönliche Aspekte spielen auch eine Rolle, sollten sie aber nicht. Die Beherrschung oder Nicht-Beherrschung einer Methode darf keine Rolle für deren Anwendung spielen. Falls nötig kann man sie lernen oder mit einem Experten zusammen anwenden.

Was sind Indikatoren für passende Methoden?

- Die Methode wurde bereits von anerkannten Autoren für solche Arten von Untersuchungen verwendet.
- Die Methode ist ausführlich in Methodenbüchern beschrieben und jeder Schritt ist nachvollziehbar.
- Die Methode lässt sich auf das konkrete Forschungsdesign anpassen.

Welche Arten von Methoden kommen für die Datenerhebung in Frage?

Daten von Personen lassen sich erheben und protokollieren mit

- Fragebogen
- Interview

Alle anderen Daten lassen sich mit einem Erhebungsbogen erheben. Dieser Bogen ist an die Art der Daten anzupassen und daher äußerst vielgestaltig.

Welche Methoden brauche ich für die Datenauswertung?

Bei der Auswertung unterscheiden wir Methoden für

- die quantitative Datenanalyse (statistische Methoden aller Art)
- die qualitative Datenanalyse (Textanalysen, Inhaltsanalysen aller Art)

Welche Fragen muss ich für die Datenerhebung beantworten?

- Wie funktioniert die Erhebung der Daten im Detail?
- An welchen Stellen im Prozess gibt es Risiken? Wie kann ich diese vermeiden?
- In welchem Format werden die Daten erhoben? Wie transformiere ich sie in digitale Daten?
- Wie organisiere ich die Datenablage? Welche Sicherheitsvorkehrungen muss ich treffen?

Welche Fragen sollte ich für die Datenauswertung beantworten?

- Welche Ziele habe ich bei der Auswertung?
- Mit welchen Daten kann ich die Auswertung machen?
- Welches Datenformat brauche ich für die Auswertung?
- Welche Methoden und Instrumente wie Programme brauche ich für die Auswertung?

Das Wichtigste auf einen Blick:

1. Die Methoden müssen jetzt passen, damit das Projekt gelingt.
2. Orientiere Dich auch an den Ergebnissen der Vorstudie.
3. Lerne jetzt schnellstens die Methoden, welche Du noch zu wenig beherrschst.

Mögliche „Mini"-Sprints (Änderungen, Ergänzungen):

Die Methoden begleiten Dich und mancher Kniff wird noch notwendig sein, damit Du Deine Ergebnisse bekommst.

Sprint 34. Entwickle die Analyse-Tools

Warum?	Du willst die Hilfsmittel für die Datenerhebung.
Dein Ziel?	...ein komplettes Kapitel mit detaillierter Beschreibung der Hilfsmittel.
Was steht danach NEU im Text?	Das Kapitel Hilfsmittel
Dauer	40 - 60 h über 15 Tage

Für welche Zwecke brauche ich Hilfsmittel wie Erhebungsbogen, Interviewleitfaden oder Fragebogen?

- Für die Erhebung von Daten über Objekte aller Art wie Personen, Gruppen, Organisationen, Gegenstände etc.
- Für die Erhebung von Daten über Dynamisches, schwer zu Fassendes wie Prozesse, Projekte, Transaktionen.

Wobei helfen die Hilfsmittel?

Sie helfen beim Sammeln der Daten für die Analyse.

Welche Hilfsmittel kommen in Frage?

- Erhebungsbogen wie Beobachtungsbogen oder Checkliste oder Profil,
- Interviewleitfaden, narratives Interview, halbstrukturiert, vollstrukturiert,
- Fragebogen mit standardisierten Fragen,
- Messvorrichtungen aller Art, je nach Fach und Thema.

Wie erstelle ich einen standardisierten Fragebogen?

Voraussetzungen

- Forschungsfrage ist formuliert.
- Hypothesen oder Fragen zur Analyse sind formuliert.
- Thematische Bereiche oder Blöcke sind definiert.

Schon bei der Planung einer empirischen Untersuchung sollten die notwendigen statistischen Auswertungen bedacht und vorbereitet werden:

- Wer oder was ist die Zielgruppe = Grundgesamtheit?
- Wie wird eine Stichprobe gezogen (Zufallsprinzip)?
- Wie groß sollte die Stichprobe sein, um vielleicht auch Untergruppen vergleichen zu können?

Schritte der Fragebogenkonstruktion

- Festlegung der Frageinhalte, Erstellung des Item-Pools,
- Bestimmung der Form des Fragebogens und der Fragen,
- Test des Fragebogens (Pretest, Testbefragung),
- Item-Analyse und Überarbeitung des Fragebogens.

Item Sammlung

Ein mit einem Fragebogen zu erfassendes Konstrukt kann aus sozialwissenschaftlichen Theorien oder Modellen entspringen. Es kann aber ebenso gut aus eigenen Überlegungen, Alltagsbeobachtungen u.ä. abgeleitet werden. Daher kann die Sammlung der Items, wahlweise oder kombiniert auf unterschiedliche Quellen zurückgreifen. Fragen oder Feststellungen können vorzugsweise jedoch auch von bereits bestehenden Erhebungsinstrumenten übernommen werden (z. B. ZUMA Skalenhandbuch). Ebenso können Experteninterviews oder Probeinterviews als Ideenquelle für die Formulierung von Fragebogen-Statements dienen. Insbesondere in der Psychologie gibt es zahlreiche elaborierte und dokumentierte Tests und Skalen (Sets von Items), die gute Vergleichsmöglichkeiten bieten und mit denen man „auf der sicheren Seite" ist.

Gliederung des Fragebogens

Die „Dramaturgie" des Fragebogens muss so angelegt sein, dass eine Spannungskurve aufgebaut wird, die am Anfang und am Ende der Befragung relativ flach verläuft und damit die Motivation der Befragten stärkt bzw. erhält:

- Eröffnungsfragen („Eisbrecherfragen") sollten interessante, weniger wichtige, einfache Fragen sein, die zum Thema hinführen. (Beispiel: Wie lange ist ihr letzter Urlaub her?)

- Mit der Technik des „Trichterns“ wird von allgemeineren zu spezifischen Fragen übergeleitet.
- Die wichtigsten Fragen sollten im mittleren Drittel des Fragebogens angeordnet werden.
- Problematische Fragen, die sensible Bereiche berühren, sollten gegen Ende des Fragebogens stehen (falls sie den Unwillen der Befragten erregen könnten).
- Soziodemografische Fragen (Alter, Einkommen etc.) sollten am Ende stehen.
- Redundante Fragen für bestimmte Teilnehmer sollten durch Filterfragen und Gabelungen vermieden werden.

Festlegung der Frageform

Standardisierte oder geschlossene Fragen enthalten zwei oder mehr Antwortvorgaben zum Ankreuzen und lassen sich wesentlich leichter auswerten als offene Fragen. Mit ihrer Hilfe lassen sich Häufigkeiten ermitteln und Hypothesen verifizieren.

Offene Fragen sind schwieriger auszuwerten. Sie werden deshalb vor allem qualitativ ausgewertet. Aber sie beleuchten eventuell Hintergründe und können auf Sachverhalte hinweisen, die der Forscher nicht berücksichtigt hat. Gelegentlich ist es sinnvoll, einen Sachverhalt nach mehreren standardisierten Fragen mit einer offenen Frage „auszuschöpfen“. Damit wird auch eine mögliche Frustration von Befragten vermieden, die Ihre Erfahrungen und Meinungen in den geschlossenen Fragen nicht zum Ausdruck bringen konnten.

Items können als

- Fragen gestellt werden, z. B. “Halten Sie sich für einen geselligen Menschen?” oder “Sollte man allen Asylsuchenden eine Arbeitserlaubnis geben?”, oder es können
- Statements (Feststellungen) dargeboten werden, z. B. “Ich bin ein geselliger Mensch” oder “Man sollte allen Asylsuchenden eine Arbeitserlaubnis geben”, zu denen Zustimmung oder Ablehnung geäußert werden kann.

Bei standardisierten Fragen kann der **Antworttypus**, also die Art der verlangten sprachlichen Reaktion auf sehr unterschiedliche Art und Weise gestaltet sein. In einfachster Weise wird auf eine Frage oder Statement ein zweistufiges (dichotomes) kategoriales Urteil verlangt: „Ja - Nein” oder „Stimmt - Stimmt nicht“ u.ä.

Die Zahl der **Antwortkategorien** kann erweitert werden, z. B. im einfachsten Fall um eine dritte Antwortkategorie: „Ja – Neutral - Nein“ etc. Durch Erweiterung um mehrere Kategorien entsteht eine sogenannten Schätz- oder Rating-Skala.
Möglich sind:

- eine rein numerische Rating-Skala,
- eine graphische Rating-Skala oder
- eine verbal verankerte (an bestimmten Punkten der Skala mit Worten beschriftete) Rating-Skala.

Stimmt						**Stimmt nicht**
3	2	1	0	1	2	3

Ja				**Nein**
1	2	3	4	5

Stimmt	**Stimmt eher**		**Stimmt eher nicht**	**Stimmt nicht**

Erfahrungsgemäß führt die Einführung einer “mittleren” Antwortkategorie, sei sie explizit vorgegeben (z. B. durch die Antwortkategorie “neutral”) oder durch die Verwendung einer mehrstufigen Antwortskala mit ungerader Kategorienzahl, eher dazu, dass eine Antwortkonzentration der Probanden, die sich nicht entscheiden wollen oder können in der Skalenmitte erfolgt, als dass sie mit Vorteilen verbunden ist.
Wenige Antwortalternativen sind oft einfacher zu bearbeiten. Sie sind bei geringer Probandenzahl eine angesagte Notwendigkeit, um aussagefähige Häufigkeiten in allen Antwortkategorien zu erhalten und damit der mathematisch-statistischen Auswertung (SPSS) eine solide Basis zu geben. Besonders wichtig ist eine Frage- und Antwortskalenkonstruktion, die eine Häufung der Antworten an einem Skalenende vermeidet und im Idealfall zu einer Normalverteilung führt. Fragt man beispielsweise Patienten im Krankenhaus nach ihrer Zufriedenheit mit dem Pflegepersonal, und 90% sind „Sehr zufrieden“, dann ist das zwar erfreulich, aber statistisch nicht mehr auszuwerten.

Hier sind Beispiele für die Benennungen von Skalen.

1. Dichotome Skalen
ja nein

2. Alternativ-Fragen = mehrere Antwortalternativen	
Häufigkeit	einmal, zweimal, dreimal, viermal, fünfmal, öfter
Häufigkeit	noch nie einmal einige male oft regelmäßig
	nie selten gelegentlich oft immer
Zeit	täglich, wöchentlich, monatlich, jährlich oder
	täglich, mehrmals pro Woche, einmal pro Woche, mehrmals im Monat, einmal pro Monat, seltener

3. Likert-Skala (Aussage mit Grad der Zustimmung)
sehr gut gut befriedigend ausreichend schlecht sehr schlecht

3. Likert-Skala (Aussage mit Grad der Zustimmung)
1 2 3 4 5 6
sehr wichtig wichtig eher wichtig eher unwichtig unwichtig
sehr interessant interessant weniger interessant überhaupt nicht interessant
nicht wenig mittelmäßig ziemlich sehr
trifft voll zu trifft eher zu teils-teils trifft eher nicht zu trifft überhaupt nicht zu
schwach mittel stark
stimme voll zu stimme eher zu teils teils stimme eher nicht zu stimme überhaupt nicht zu
sehr interessant interessant weniger interessant überhaupt nicht interessant

Faustregeln zur Formulierung von Fragen

- Formuliere eindeutig. Wähle eine einfache, klare, direkte Sprache.
- Vermeide Worte/Formulierungen, die nicht von allen verstanden werden.
- Vermeide Feststellungen, die von fast jedem oder von fast niemandem bejaht werden.
- Fragen sollten Gegenwartsbezug haben.
- Feststellungen sollten kurz sein (möglichst weniger als 20 Wörter).
- Jede Feststellung darf nur einen einzigen vollständigen Gedanken enthalten. Negativbeispiel: „Ich bin für den Bundeswehreinsatz im Kosovo, weil nur so dort Ordnung und Sicherheit gewährleistet werden können." – Richtig sind 2 Fragen mit entsprechenden Antwortmöglichkeiten: „Die Bundeswehr gewährleistet die Ordnung und Sicherheit im Kosovo" und „Ich bin für den Einsatz".
- Wörter wie „alle", „immer", „keine", „niemals" etc. begünstigen Zweifel und sollten vermieden werden.
- Vermeide doppelte Verneinung!

Die vorgegebenen Antwortmöglichkeiten müssen erschöpfend sein, also alle relevanten Möglichkeiten enthalten. Ist eine erschöpfende Aufzählung der Antwortalternativen nicht möglich, sollte eine offene Kategorie "Sonstige", "Anderes" vorgesehen werden. Dies gilt vor allem bei Faktenfragen.

Auch **keine Antwort** ist eine Antwort. Meinungslosigkeit ist eine sozial wichtige Dimension. Zu den Antwortvorgaben gehört oft auch die Vorgabe "keine Meinung", bzw. "unsicher", "ist mir egal", „weiß nicht" oder "weder noch" oder „keine Angabe". Bei der späteren statistischen Auswertung kann entschieden werden, diese Kategorie einzubeziehen oder nicht.

Checkliste zur Prüfung der Fragen

- Ist jede Frage erforderlich?
- Gibt es Wiederholungen?
- Sind die Fragen eindeutig und einfach formuliert?
- Gibt es suggestive Formulierungen?
- Sind die Antwortvorgaben angemessen? Stimmt die Polung? (Ein böser Fehler!)
- Bleibt die Motivation zur Beantwortung der Fragen erhalten?

Festlegung der Auswertungsmethodik

Spätestens hier muss über die Auswertung der erhobenen Daten entschieden werden. Deskriptive Methoden sind Häufigkeiten, Kreuztabellen, Korrelationen, Faktorenanalyse u. a. Hier besteht die letzte Möglichkeit, der eventuellen Umwandlung offener in geschlossene Fragen!

Testung des Fragebogens

Bevor ein Fragebogen zum Einsatz kommt, muss er in Probebefragungen überprüft werden. Anschließend erfolgt eine Überarbeitung vor allem unter sprachlichen Gesichtspunkten. Die Formulierung einer Frage soll die Befragten zu einer Antwort motivieren. Andererseits muss sicher sein, dass die Frage von den Versuchspersonen richtig verstanden wird. Auch ist darauf zu achten, dass die Antwortvarianz hoch ist. Fragen, bei denen fast alle Probanden die gleiche Antwortkategorie wählen, sind nicht auswertbar.

Frage und Antworttypen

Vom Antwortformat her lassen sich folgende Typen geschlossener Fragen unterscheiden:

- **Alternativfragen:** Es sind nur zwei Antwortmöglichkeiten gegeben (Ja – Nein; Stimmt – Stimmt nicht o. ä.).
- **Auswahlfragen:** Von mehreren Antwortvorgaben soll eine Antwort ausgewählt und angekreuzt werden. Eine Sonderform stellt die Skalenfrage dar (Rating-Skala). Sie ist dann geeignet, „wenn die vorgegebenen Alternativen als Abstufungen einer Fragedimension interpretiert werden können." (Hagmüller, 1979, S. 98) Z. B.: „Kreuzen Sie bitte nach Grad der Zustimmung an: Trifft völlig zu/ Trifft teilweise zu/ Trifft eher nicht zu/ Trifft überhaupt nicht zu". – Oder: Skala mit numerischer Unterstützung (sog. Likert-Skala): 1 – 2 – 3 – 4. **Achtung:** Bei „ungerader" Skalierung (z. B. 5-stufig) gibt es eine „Mitte", die besonders von unschlüssigen Personen oder Befragten ohne dezidiertes Urteil angekreuzt wird („Tendenz zur Mitte"). Will man polarisieren, muss man eine „gerade" Skalierung (z. B. 4-stufig) wählen. Wichtig: Von der Art der Antwortvorgaben hängt ab, welche Operationen hinterher bei der Auswertung möglich und zulässig sind wie z. B. beim Skalenniveau.

- **Mehrfachwahlfragen ("Speisekarten"-Fragen):** Aus einer Reihe von Begriffen, Eigenschaften, Aussagen usw. sind solche auszuwählen, die hinsichtlich einer bestimmten Fragestellung zutreffen. Man kann also die Auswahl mehrerer Antworten aus mehreren vorgegebenen Optionen zulassen. Es empfiehlt sich, die Auswahl zu begrenzen („maximal 3 Nennungen"). Solche Fragen sollten möglichst nur zur Exploration von Themenfeldern Anwendung finden. Sie ermöglichen, herauszufinden, welche Sachverhalte mehr oder weniger bzw. nicht relevant sind.
- Beispiel:

„Was machen Sie in Ihrer Freizeit? Bitte alles zutreffende ankreuzen!

- Sport
- Disco besuchen
- Mit Freunden herumziehen
- Mit meinem Partner/meiner Partnerin zusammen sein
- Fernsehen
- Computerspiele
- Anderes (bitte angeben): .... "

Derartige Fragen lassen sich statistisch nur hinsichtlich der einzelnen Items, aber nicht insgesamt auswerten. **Besser:** „Kreuzen Sie Ihre drei häufigsten Freizeitbeschäftigungen an!" – **Noch besser:** „Vergeben Sie Rangplätze...", wobei die Zahl der Items unter zehn liegen sollte, damit die Befragten nicht die Übersicht verlieren. Komplette Rangfolgen lassen sich dann statistisch am besten verarbeiten. Unter explorativen Gesichtspunkten, aber auch um die Befragten nicht zu frustrieren, sollte zum Schluss auch eine offene Antwortmöglichkeit gegeben werden.

Sensible Themen, heikle Fragen

Es gibt Themen, die bspw. den Intimbereich tangieren, über die Menschen nicht gern Auskunft geben wie Krankheiten, sexuelle Orientierung, Einkommen. Hierfür gibt es kein Patentrezept. Vertrauen in die Anonymität ist die wichtigste Voraussetzung, um Antworten zu erhalten. Ein erklärender Satz, warum man gerade danach fragt, kann helfen.

Häufig ist „das Einkommen" der Befragten von Interesse, sei es als Gradmesser ihres beruflichen Status' oder im Hinblick auf das Konsumverhalten.

Wer schon einmal ein Einkommenssteuerformular in der Hand hatte, ahnt, wie viele verschiedene Arten von Einkommen, Lohnersatzleistungen und Einkünften es gibt. Menschen wissen gar nicht genau, wie hoch ihr Brutto-Arbeitseinkommen ist; außerdem kann es durch Zulagen, Zuschläge und Sonderzahlungen (Urlaub, Weihnachten) schwanken.

Negativbeispiel:	**Richtig wäre:**
„Wie viel verdienen Sie im Monat?	„Wie hoch ist ihr monatliches Arbeitseinkommen (brutto) im Jahresdurchschnitt? - Ich bin nicht in einem Arbeitsverhältnis
bis 1.000 Euro	- Unter 1.000 Euro
1.000 bis 2.000 Euro	- 1.000 bis unter 2.000 Euro
2.000 bis 3000 Euro	usw.

Bei solchen Staffeln sollte man sich immer an die Regel der amtlichen Statistik halten, die Gruppen von einer „runden" Zahl bis unter die nächste zu definieren. Was sollte sonst jemand ankreuzen, der 2.000 Euro verdient?
An anderen Stellen ist die möglichst genaue Erfassung die beste Variante. Alter, Körpergröße und Gewicht sollte man unmittelbar angeben lassen und keine Staffeln vorgeben. Bspw. kann so später ein BMI berechnet werden. Wenn das Alter gestaffelt erfasst werden soll, dann in 5er bis 10er Schritten entsprechend der amtlichen Statistik (15 bis unter 20 Jahre usw.). Im Einzelfall können natürlich auch die juristisch relevanten 18 bzw. 21 Jahre eine Rolle spielen.

Ich bin	ein Mann eine Frau	[ ] [ ]
Ich habe	keine Kinder 1 Kind 2 Kinder 3 oder mehr Kinder	[ ] [ ] [ ] [ ]

mein höchster Schulabschluss	Ich habe keinen Abschluss	[ ]
	Hauptschulabschluss	[ ]
	Realschulabschluss	[ ]
	Abitur	[ ]
meine höchste berufliche Qualifikation	Ich habe keinen beruflichen	[ ]
	Abschluss	[ ]
	Ich bin Facharbeiter	[ ]
	Ich bin Meister	[ ]
	Fachhochschulabschluss, Bachelor	[ ]
	Hochschulabschluss, Master	[ ]

Statistische Auswertung

Für statistische Auswertungen gibt es zahlreiche statistische Methoden. Zur Einführung in die Statistik und SPSS werden die folgenden Bücher empfohlen

- Schwarze, Jochen (2009): Grundlagen der Statistik 1: Beschreibende Verfahren. 11. Auflage. (EUR 14,90)
- Schwarze, Jochen (2009): Grundlagen der Statistik 2: Wahrscheinlichkeitsrechnung und induktive Statistik. 9. Auflage. (EUR 14,90)
- Bühl, Achim (2011): SPSS 20: Einführung in die moderne Datenanalyse (Pearson Studium - Scientific Tools)

Für die Durchführung einer statistischen Auswertung gibt es drei Varianten:

1. Selbst auswerten mit SPSS, mit Büchern, SPSS-Videos etc.
2. SPSS-Workshop besuchen (mitunter kann man mit den eigenen Daten rechnen)
3. Statistiker finden, der bei den Berechnungen hilft. Anschließend die Ergebnisse selbst interpretieren.

Wie erstelle ich einen Interview-Leitfaden?

Die oberste Regel lautet: "Was Hänschen versteht, versteht Hans auch."

Was sind Interviewfragen?

Interviewfragen sind offene Fragen, die in der Regel einem Gesprächspartner gestellt werden, persönlich oder auch fernmündlich.

Was ist das Ziel des Interviews?

Das Ziel sind Antworten zu bestimmten Fragen und Aspekten. Offensichtlich hängt die Qualität der Antworten von den Fragen ab. Willst Du bessere Antworten, dann stelle bessere Fragen.

Wie erstelle ich meinen Interview-Leitfaden?

Diese Voraussetzungen müssen erfüllt sein:

- Die Forschungsfrage ist formuliert.
- Detailfragen zur Analyse sind formuliert.
- Thematische Bereiche oder Blöcke sind definiert.
- Schon bei der Planung einer empirischen Untersuchung sollten die notwendigen Auswertungen der Antworten bedacht und ggf. vorbereitet werden:
  Wer oder was ist die Zielgruppe = Grundgesamtheit?
  Wie werden die Interview-Teilnehmer ausgewählt, nach welchen Kriterien?
  Wie groß sollte die Anzahl der Experten sein?

Formulierungen für Fragen in einem Experteninterview

Du diskutierst mit den Experten. Du fragst nicht etwas ab. Denke immer daran! Die Fragen an Experten können also anfangen mit:

- Wie beurteilen Sie Alfa?
- Was halten Sie von Beta?
- Wie bewerten Sie Gamma?
- Welche Erfahrungen haben Sie bisher mit Kappa?

Eventuell kann man auch Fragen anfangen mit:

- Mal angenommen, Sie müssten/könnten/hätten...
- Stellen Sie sich vor, Sie würden/wären/sollten...
- Was denken Sie, lässt sich mit Alfa erreichen?
- Was erwarten Sie, wird passieren, wenn...?
- Was könnte sich Ihrer Meinung nach ergeben, wenn...?
- Können Sie bitte kurz erklären, aus welchen Gründen...
- Welche Erfahrungen lassen Sie darauf schließen, dass...

Solche Wendungen helfen auch:

- Bitte beschreiben Sie mal einen Fall in dem...
- Bitte nennen Sie mal ein Beispiel für Gamma...
- Unter welchen Bedingungen haben Sie ABC erlebt?

- Welche Maßnahme würden Sie bevorzugen und aus welchen Gründen?
- Welchen Zusammenhang sehen Sie zwischen A und B?

Ein paar Tipps zum Formulieren von Fragen:

- Die Fragen müssen offen gestellt sein, sonst gibt es nur kurze und einsilbige Antworten.
- Vermeide Fremdwörter. Halte Dich an die Regel: "Was Hänschen versteht, versteht Hans auch."
- Umfangreich formulierte Fragen sind schwer zu verstehen. Auch gebildete Menschen tun sich damit schwer.
- Lange Erklärungen vorab sind nicht Ziel führend. Sie verbrauchen nur Aufmerksamkeit und Konzentration beim Gegenüber.
- Verben machen die Frage lebendig und sind leichter zu verstehen.

Nicht so gute Formulierungen:

Hier ist eine Frage als Beispiel, wie es **NICHT** geht:

Wenn Sie das Ganze jetzt noch mal Punkt für Punkt durchgehen und sich dabei in Erinnerung rufen, dass die Variante 1 sich bisher kaum bewährt hat, wohingegen Variante 2 sehr viel bessere Ergebnisse verspricht. Für welche der beiden Varianten sehen Sie die besten Chancen angesichts der bevorstehenden wirtschaftlichen und technologischen Herausforderungen insbesondere bei den ausländischen Zulieferern?

So was will niemand hören. Der Frage kann niemand folgen. Mach es besser kurz und knackig.

Besser:

Welche Erfahrungen lassen Sie darauf schließen, dass...

Woher kommen die Interviewfragen?

Die Interviewfragen müssen aus der Forschungsfrage und den Detailfragen abgeleitet werden.

Welche Funktion oder Aufgabe haben Interviewfragen?

Interviewfragen sollen die Informationen und Daten beschaffen, um die Detailfragen und die große Forschungsfrage zu beantworten.

Wie sind Interviewfragen aufgebaut?

Sie sind offene Fragen, die ein klares Ziel verfolgen, nämlich eine möglichst präzise und umfassende Antwort. Umfassend meint ergiebig und erschöpfend im Hinblick auf die untersuchte Variable.

Wie komme ich zu meinen Interviewfragen?

Gehe diesen Weg.

Stufe 1: Stichworte und Keyword Wolke

Sammle Fragen zu einzelnen Stichworten.

Fange mit W-Fragen an.

Operationalisiere dann die Fragen. Nutze dazu die folgende Übersicht.

Fragewort	WIE
Beschreibung Monat?	Frage nach dem Modus, der ART und WEISE • Wie passiert etwas? • Wie erreicht man Ziel X oder wie löst man Problem Y? Hinter dem Fragewort WIE versteckt sich sehr viel. WIE ist ein Multifunktionales Fragewort. **Wichtig:** das Fragewort WIE muss übersetzt werden = Operationalisierung! **PASSIV:** (ohne unser Zutun = eine kausale Kette!) • Wie läuft das ab? • Was geschieht? • Wie wirkt das? Übersetzen: welche Phasen, Dauer, welche Faktoren wirken, welche Merkmale und welche Muster sind erkennbar, welche Veränderungen uvm. **AKTIV:** es geht um TUN, mit einem Ziel • Wie macht man das? • Wie kann man das machen? • Wie erreicht man das? • Wie fange ich an? • Wie komme ich zum Ziel? **Übersetzen:** Welche Schritte, welche Instrumente, welche Handlungen, welche Ressourcen wie Materialien, Vorlagen, Anleitungen, Zeit, Wissen, Kontakte uvm.?

Art der Antwort	**PASSIV:** • Ablauf, Verlauf mit Phasen und Zwischenzuständen etc. • Prozessbeschreibung • Darstellung von Wirkungen, Ursachen, Faktoren, Kausalketten **AKTIV:** • Beschreibung von Schritten, Ressourcen, Rahmenbedingungen, Phasen, Meilensteine etc. um Ziel zu erreichen, Problem zu lösen • Ziel- und Prozessbeschreibung: wer macht was, womit, wann, wo etc. • Darstellung von Plan, Strategie, Konzept, Methoden etc.
Beispiele + Varianten	**Weniger relevante Varianten:** • Zeitbezogen: Wie lange dauert das? • Mengenbezogen: Wie viele Quellen brauche ich? • Ergänzung des Modalen durch weitere Adjektive: Wie lang, wie weit, wie schnell, wie tiefgreifend?
Fragewort	**WAS**
Beispiele + Varianten	Wichtigstes und häufigstes Fragewort. sehr komplex, pauschale Verwendung – muss übersetzt werden Frage nach: Objekten und Erscheinungen und Phänomenen aller Art **Zweck:** Erkennen, Abgrenzen/Definieren, Einordnen, Kategorisieren WAS ist die Frage zur Definition von etwas. • Was ist das? Was ist das für ein X? => Einordnung des Phänomens = Welche Stellung hat das X im Vergleich zu anderen Objekten etc.? • Was ist wichtig? Was ist davon zu halten? => Bewertung = Welchen Nutzen hat das? • Was kann man damit machen? => Einordnung in ein Arsenal von Mitteln = Welche Möglichkeiten bietet X im Vergleich mit anderen Mitteln? • Was soll ich tun? => Einordnung der eigenen Handlungsmöglichkeiten = Welche Optionen habe ich und wie sind diese zu bewerten, damit ich mein Ziel erreiche?

Art der Antwort	• Beschreibung eines Objektes oder Phänomens durch Aufzählen von Merkmalen, Charakteristika • Definieren = Zurückführen eines Begriffs auf einen Oberbegriff • Bewertungen

Stufe 2: Entwurf und Prüfung

- Ergänze die Fragen.
- Lass sie liegen.
- Ergänze weiter.
- Überlege, wie die Antworten aussehen könnten.
- Teste die Fragen mit Kollegen oder Freunden.

Stufe 3: Prüfung und Finale

- Sortiere die Fragen entlang der Detailfragen zur Forschungsfrage.
- Mache eine Probe und befrage jemanden.
- Schleife alle Fragen, die unklar waren.
- Prüfe nach dem ersten Interview noch einmal den Leitfaden.

Woran erkenne ich gute und schlechte Interviewfragen?

Gute Interviewfragen:

- bauen aufeinander auf,
- zielen auf einen Aspekt, nicht drei,
- sortieren die Inhalte gemäß dem Modell der Untersuchung (Beispiel: frage Experten erst nach ALLEN Aktivitäten zu einem Projekt, seine Antwort ist eine Liste, DANACH gehe auf einzelne Aktivitäten ein...),
- sind nicht allzu lang,
- enthalten vertraute Wörter statt abstrakter Wendungen,
- enthalten keine langen einführenden Erklärungen,
- machen neugierig auf die nächsten Fragen,
- aktivieren die Motivation der Experten.

Schwache Interviewfragen sind demnach jeweils das Gegenteil...

Realitätsnahes Beispiel für eine verschwurbelte Formulierung:

Welche Interaktionspraktiken sind besonders wirksam, um Akzeptanzprobleme von Mitarbeitern in Bezug auf Change Prozesse in Verwaltungsabteilungen unter Kontrolle zu halten?
besser:
Welche Interaktionspraktiken waren besonders wirksam, um die Mitarbeiter für eine aktivere Teilnahme im Prozess zu gewinnen? Warum haben diese Praktiken so gut funktioniert?

Hier sind Tipps für gute Interviewfragen

- Keine geschlossenen Fragen.
- So wenig Fremdworte wie möglich.
- Keine langen Fragen.
- Möglichst wenige Konditionalsätze.
- Vertraute Begriffe verwenden statt abstrakter.
- Versuche bitte, einfachere Verben zu verwenden.

Datenerhebungsbogen

Für welche Situationen und Datenquellen brauche ich einen Erhebungsbogen?
Für alle möglichen Situationen, in denen Personen nicht befragt werden (können).

Beispiele sind:

- Beobachtung,
- Aufnahme (Betrachtung und Beschreibung),
- Experiment und
- Datensammlung aus Datenbanken (Statistiken, Zeitreihen etc.).

Die Erhebung wird oft mit anderen Methoden kombiniert wie Umfragen oder Interviews oder Textauswertungen.

Was für Daten werden überhaupt erhoben?

Informationen über Objekte, Zusammenhänge, Aktivitäten, Systeme aller Art aber auch Prozesse und Projekte.

Beispiele:

- Wie spielen Kinder?
- Wie antworten Schüler auf Fragen?
- Wie lernen Erwachsene?
- Wie werben Startups?
- Wie ahmen Babys die Aussprache der Eltern nach?
- Welche Inhalte haben verschiedene Ebooks oder Schaufenster oder Shops oder Softwareprogramme oder Apps oder Schulranzen etc.?

Was sind die Inhalte in einem Erhebungsbogen?

Nehmen wir konkrete Beispiele:

Lesegewohnheiten von Ebook-Lesern

Erstelle entlang der Modelle von Ebooks und von Lesegewohnheiten einen Erhebungsbogen. Darin dürften zu finden sein:

Gelesener Titel, Format, Gerät, Ort des Lesens, Zeitpunkt und Dauer, Anlass (müsste abgefragt werden!!!), Annotationen etc.

Social Media Aktivtäten von Event-Veranstaltern

Erstelle entlang der Modelle zu Events und der Social Media Vermarktung von Events einen Erhebungsbogen. Darin dürften zu finden sein:

Art des Events, Zielgruppen, Ort und Zeit, Name, Veranstalter, Künstler, Preise, Bilder, Filme, Links, Kommentare, Likes, Shares etc.

Mache das für weitere Themen wie

- Leseschwäche von zweisprachigen Kindern
- Digitalisierung der Prozesse im Beschwerdemanagement

Worauf kommt es bei der Erhebung an?

- Die erhobenen Daten sollen genau zu den untersuchten Variablen passen. Sie sollen Antworten auf die Detailfragen erlauben.
- Der Umfang der Daten muss ausreichen, um fundierte Aussagen abzuleiten.
- Die Erhebung muss unbedingt transparent und wiederholbar sein.

Auf welche Art und Weise werden die Daten erhoben?

Das Objekt der Erhebung wird vom Forscher betrachtet und auffällige Merkmale werden notiert. Das geschieht natürlich am Ort des Auftretens der Daten wie z. B. im Unterricht oder am Fließband.

Welche Hilfsmittel werden genutzt?

Altmodisch Papier + Stift oder neumodisch Diktier-App, Kamera für Fotos + Filme.

In welchem Format werden die Daten erhoben?

Letztlich finden sich im Erhebungsbogen Checklisten mit entweder offenen oder geschlossenen Fragen zum Ankreuzen. Geschlossene Fragen haben den Vorteil der statistischen Auswertung.
Häufig liegen die Daten in Form von Diktaten, Fotos, Filmen, Skizzen, Protokollen u.ä. vor. Diese müssen nun so dokumentiert werden, dass die Informationen im Text eingebaut werden können. Fotos können in den Anhang. Ein Film muss beschrieben und transkribiert werden, wenigstens teilweise. Das gilt auch für Diktate. Eine einfache Regel lautet: bereite die erhobenen Daten so auf, dass sie im Anhang eingefügt werden können und im Text eindeutig darauf verwiesen werden kann.

Wie kann ich die Daten effizient erheben?

Die Vorbereitung ist enorm wichtig. Der Erhebungsbogen muss möglichst komplett sein. Dann sei so akribisch wie nötig.

Sollte man die Angaben ankreuzen oder abhaken oder lieber eintragen?

Es wird wohl eine Mischung werden.

Wie sortiere ich die Daten?

Die Sortierung erfolgt schon bei der Vorbereitung des Erhebungsbogens. Die Fragen sind entlang der Detailfragen geordnet.

Wie stelle ich sicher, dass der Erhebungsbogen gut ist?

Der Erhebungsbogen ist im Grunde ein Interviewleitfaden für ein Selbstgespräch. Er ist gut, wenn alle Daten erhoben werden, die gebraucht werden.

Wie stelle ich die Inhalte aus dem Bogen im Text dar?

Der Erhebungsbogen kommt einmal leer in den Anhang. Sodann hängt es von der Anzahl der ausgefüllten Bögen ab. Ist diese überschaubar, kommen sie auch in den Anhang. Falls nicht, dann solltest Du sie auf CD brennen und der Arbeit beilegen. In jedem Falle sind die Bögen ein zentrales Dokument der Arbeit. Nummeriere sie.

Wie erstelle ich den Erhebungsbogen?

Stufe 1: Stichworte und Keyword Wolke

Sammle Aspekte und Fragen zu einzelnen Variablen.
Fange mit W-Fragen an und operationalisiere dann die Fragen.

Stufe 2: Entwurf und Prüfung

- Ergänze die Fragen.
- Lass sie liegen.
- Ergänze weiter.
- Überlege, wie die Antworten aussehen könnten.
- Teste die Fragen mit Kollegen oder Freunden.

Stufe 3: Prüfung und Finale

- Sortiere die Fragen entlang der Detailfragen zur Forschungsfrage.
- Mache eine Probe und erhebe Daten.
- Schleife alle Fragen, die unklar waren.
- Prüfe nach der ersten Erhebung noch einmal den Erhebungsbogen.

Wie teste ich den Bogen, in einer Vorstudie?

Du musst den Bogen testen. Das sollte auch nicht aufwändig sein. Fülle ihn einmal für ein Objekt aus und dann prüfe, ob Du mit den Ergebnissen zufrieden bist, ob Du damit den Antworten auf Deine Fragen näherkommen wirst.

Wie begründe ich die Inhalte im Erhebungsbogen mit Theorie?

Die Inhalte im Erhebungsbogen orientieren sich strikt an Deinen Modellen. Damit hast Du von Beginn an eine solide Basis.

Welche Hilfsmittel brauche ich noch?

- Anschreiben
- Vertraulichkeitserklärungen
- Sperrvermerke
- Protokollvorlagen u.ä.

Das Wichtigste auf einen Blick:

1. Die Analysetools helfen bei der Beschaffung und Auswertung der Daten.
2. Sei sorgfältig bei der Auswahl und Entwicklung. Teste sie.
3. Dokumentiere alle Deine Schritte bei der Entwicklung. Du musst sie im Text beschreiben.

Mögliche „Mini"-Sprints (Änderungen, Ergänzungen):

Die Hilfsmittel können nach Test und Anpassung nicht mehr geändert werden, wenn die Ergebnisse der Datenerhebung und der Datenanalyse konsistent und vergleichbar sein sollen. Achte daher darauf, dass sie die nötige Qualität haben.

Sprint 35. Plane die Umsetzung

Warum?	Du willst einen Umsetzungsplan.
Dein Ziel?	... ein detaillierter Plan zur Erhebung der Daten.
Was steht danach NEU im Text?	Das Kapitel Durchführung
Dauer	5 - 8 h über 2 Tage

Was gehört alles in den Umsetzungsplan?

- Welche Schritte oder Phasen gibt es?
- Welche Meilensteine gibt es?
- Welche Aktivitäten sind nötig?
- Welche Personen oder Organisationen spielen bei welchem Schritt welche Rolle?
- Welche Instrumente und Hilfsmittel brauche ich?
- Mit welchen Risiken ist zu rechnen und wie sorge ich vor?

Beispiel Umsetzungsplan für eine qualitative empirische Untersuchung

Vorgehen bei Befragung von Experten mittels Interviewleitfaden

Aufgabe	Dauer/Termin
Zielgruppe festlegen	
Art und Weise der Befragung festlegen, persönliches Treffen, Telefon, schriftlich, online etc.	
Kriterien für Auswahl der Interviewpartner formulieren	
Liste möglicher Interviewpartner erstellen	

Aufgabe	Dauer/Termin
Interviewpartner auswählen	
Anschreiben oder Leitfaden für telefonische Ansprache entwerfen	
Ansprache und Terminierung	
Interview-Leitfaden prüfen	
Vorstudie	
Interviews durchführen	
Antworten transkribieren (lassen)	
Transkripte auswerten	
Ergebnisse der Auswertung interpretieren	
Text mit Interpretation entwerfen	

Beispiel Umsetzungsplan für eine quantitative empirische Untersuchung

Vorgehen bei Befragung mittels standardisiertem Fragebogen

Aufgabe	Dauer/Termin
Zielgruppe festlegen	
Art und Weise der Befragung festlegen, persönliches Treffen, Telefon, schriftlich, online etc.	
Kriterien für Auswahl der Teilnehmer formulieren	
Liste möglicher Teilnehmer erstellen	

Aufgabe	Dauer/Termin
Teilnehmer auswählen	
Anschreiben oder Leitfaden für Ansprache entwerfen	
Ansprache und Terminierung	
Vorstudie	
Umfrage durchführen	
Daten aufbereiten	
Datendatei vorbereiten, Excel oder SPSS oder andere	
Ergebnisse berechnen	
Ergebnisse der Auswertung interpretieren	
Datei mit Grafiken der Ergebnisse erstellen	

Wie detailliert muss der Plan sein?

Im Plan sollten alle Aktivitäten enthalten sein, am besten zum Abhaken. Aber gleichzeitig muss der Plan flexibel sein für Unvorhergesehenes. Auf keinen Fall sollte man sich lange mit dem Planen selbst aufhalten. Der Plan lässt sich unterwegs anpassen.

Sollte ich den Plan nicht jetzt erst skizzieren und am Ende ausformulieren?

Der Plan ist nicht so umfangreich. Mache die Liste und Du wirst sehen, dass die allermeisten Schritte auch so umgesetzt werden und damit am Ende im Text so beschrieben werden können. Der Plan muss nicht in den Anhang.

Sollte ich den Plan mit dem Betreuer abstimmen?

Der Plan ist Teil des Forschungsdesigns und muss in der Konsultation besprochen werden.

Wie viel Zeit sollte ich für die Umsetzung einplanen?
Das ist eine gute Frage. Die Antwort hängt von den Daten ab, ob es einen Erhebungszeitraum mit unterschiedlichen Messpunkten gibt. Oft ist die Erhebung zu Ende, wenn man genug Daten hat...

Was mache ich, wenn der Umsetzungsplan gar nicht funktioniert?
Das sollte nach der langen Vorbereitung nicht mehr passieren. Aber falls doch, dann prüfe, welche Schritte nicht passen, aus welchen Gründen sie nicht passen und welche Alternativen es gibt, um doch noch die Daten zu gewinnen.

Das Wichtigste auf einen Blick:

1. Die Planung ist wichtig, um mögliche Probleme früh zu erkennen und zu lösen.
2. Halte den Plan gleich schriftlich fest. Er muss im Text erläutert werden.
3. Notiere auch Änderungen am Plan, damit die Darstellung im Text stimmt.

Mögliche „Mini"-Sprints (Änderungen, Ergänzungen):

Setze den Plan um und passe ihn unterwegs nur an, wenn es notwendig ist.

Sprint 36. Präsentiere den Forschungsplan

Warum?	Du willst grünes Licht von den Betreuern.
Dein Ziel?	... ist unmissverständliches Feedback, dass Dein Forschungsplan toll ist.
Was steht danach NEU im Text?	Input für das Kapitel Forschungsdesign
Dauer	10 - 15 h über 4 Tage

Wie präsentiere ich meinen Forschungsplan?

Erstelle einen Vortrag, wieder mit Blick auf die Verteidigung.

Diese Inhalte solltest Du erläutern:

- Forschungsfrage und Detailfragen
- Daten-Sample
- Methoden-Mix
- Erhebungs- und Analyse-Tools
- Plan der Umsetzung

Umfang: 10 Folien für 10 bis 15 Minuten

Tipps für den Vortrag

- Betrachte den Vortrag als Chance, Dir über die Schritte selbst klar zu werden.
- Fasse Dich kurz und halte Dich an die Fakten.
- Große Schrift, wenig Text, Stichworte zum Erzählen.
- Begründe Entscheidungen immer mit Verweisen auf Studien.
- Vergewissere Dich, dass Deine Entscheidungen von den Betreuern nachvollzogen wurden.
- Übe den Vortrag, als ob es um etwas sehr Wichtiges geht, denn das ist der Fall.

Kann ich dem Betreuer nicht einfach den Forschungsplan senden und um Feedback bitten?

Klar geht das. Aber ein kurzes Feedback ist eben nicht so aussagekräftig. Besser ist, den Betreuern „in die Augen zu schauen". Wenn ein Vortrag nicht geht, dann sende den Plan und telefoniere anschließend. Gehe alle Punkte durch und erläutere Deine Entscheidungen.

Das Wichtigste auf einen Blick:

1. Die Präsentation des Forschungsplans ist eine tolle Deadline, damit die Planung nicht ewig dauert.
2. Die Präsentation bringt Dir Klarheit.
3. Mache einen detaillierten Vortrag, auch wenn dieser nicht verlangt wird.
4. Frage die Betreuer nach konkretem Feedback.
5. Die Inhalte im Vortrag sind Teil der Verteidigung.

Mögliche „Mini"-Sprints (Änderungen, Ergänzungen):

Der Vortrag und die Konsultation werden noch ein paar Anregungen bringen. Aber danach ist der Plan fertig zur Umsetzung.

Sprint 37. Schreibe das Kapitel Forschungsdesign/ Methodik

Warum?	Du willst das Kapitel Forschungsdesign.
Dein Ziel?	...ist ein Entwurf für das Kapitel Forschungsdesign
Was steht danach NEU im Text?	Das Kapitel Forschungsdesign
Dauer	30 - 40 h über 10 Tage

Welche Fragen muss ich in Kapitel 5 – Methoden beantworten?

Gehe Kapitel für Kapitel diese Fragen durch und beantworte sie.

Kapitel 5.1 Methodik - Beschreibe die Methodologie

Beantworte diese Mikrofragen zur Auswahl der Methoden:

- Welche Methoden kommen für die Analyse infrage?
- Was sind die Entscheidungskriterien für die Methodenwahl?
- Aus welchen Gründen nutze ich eine bestimmte Methode?
- Was spricht gegen eine bestimmte Methode, ist aber nicht problematisch oder ein lösbares Problem?
- Welche Methoden kommen auch in Frage, werden aber nicht angewendet und warum nicht?
- Wie genau funktioniert die gewählte Methode?
- Wie genau wird die Methode angewendet? Welche Schritte werden gegangen?
- Auf welche Art und Weise wird sichergestellt, dass die gewünschten Daten mit der Methode gewonnen werden können?

Kapitel 5.2 Datenbasis/Sample - Beschreibe die ausgewählte Zielgruppe oder die Datenquellen

Beantworte diese Mikrofragen zur Datenbasis:

- Welche Daten zu welchen Variablen werden gebraucht?
- Welche Datenquellen stehen dafür zur Verfügung?
- Welche Kriterien spielen bei der Datenauswahl und der Auswahl der Datenquellen welche Rolle?
- Welche Merkmale kennzeichnen die gewählte Datenbasis?
- Welche Daten der Datenquelle werden erhoben und auf welche Art und Weise?
- Welche Risiken gibt es bei der Datenerhebung und wie können sie kontrolliert werden?
- Wie hast Du die Interviewpartner ausgewählt? Nach welchen Kriterien?
- Über welche Kanäle hast Du die Interviewpartner gesucht und gefunden?
- Wie hast Du die Interviewteilnehmer kontaktiert oder angesprochen?
- Gab es Anreize für die Interviewteilnehmer und wenn ja, welche?

Kapitel 5.3 Hilfsmittel - Beschreibe die angewandten Instrumente und Mittel

Beantworte diese Mikrofragen zu den Hilfsmitteln:

- Welche Mittel und Instrumente sind allgemein geeignet, die Daten zu erheben?
- Welche Kriterien spielten bei der Auswahl der Hilfsmittel welche Rolle?
- Welche Mittel und Instrumente sind besonders geeignet, die Daten zu erheben und aus welchen Gründen?
- Wie funktionieren diese Instrumente?
- Welche vorhandenen Mittel und Instrumente können als Ausgangspunkt genutzt werden?
- Inwieweit sind diese Instrumente bereits geeignet? Welche Änderungen müssen vorgenommen werden?
- Nach welchen Prinzipien müssen die Instrumente entwickelt werden? Welche Ziele müssen dabei beachtet werden?
- Wie können die Instrumente auf Zuverlässigkeit geprüft oder getestet werden?
- Welche Probleme kann es bei der Anwendung der Instrumente geben und wie können diese Probleme gelöst werden?
- Wie hast Du die Daten und wie die Antworten der Interviewteilnehmer erfasst?

Kapitel 5.4 Durchführung - Beschreibe die Durchführung und den Zeitplan Deiner Analyse

Beantworte diese Mikrofragen zur Durchführung: Welche Schritte sind zu gehen?

- Was sind die Ziele und Zwischenziele der einzelnen Schritte?
- Welche Mittel und Instrumente spielen in welcher Phase eine Rolle?
- Welche Personen spielen eine Rolle?
- Welcher Zeitaufwand ist mit welchem Schritt verbunden?
- Über welchen Zeitraum hast Du die Erhebungen durchgeführt?
- In welcher Form hast Du die Erhebung durchgeführt?
- Welche technischen Hilfsmittel hast Du bei der Erhebung benutzt?

Das Wichtigste auf einen Blick:

1. Der Forschungsplan muss detailliert beschrieben werden.
2. Arbeite die Hinweise der Betreuer aus dem Vortrag mit ein.
3. Ergänze das Kapitel, wenn die Erkenntnisse gewonnen sind.

Mögliche „Mini"-Sprints (Änderungen, Ergänzungen):

Überarbeite das Kapitel Methodik vor dem Druck der Arbeit noch einmal.

MEILENSTEIN 6:
Daten sind gesammelt und analysiert!

MEILENSTEIN 6: Daten sind gesammelt und analysiert!

Warum?	Du willst die Daten und deren Auswertung.
Dein Ziel?	... sind Datentabellen und Aussagen zu Erkenntnissen.
Was steht danach NEU im Text?	Dein eigenes Modell
Dauer	325 h ca. 40 Arbeitstage

Sprint 38. Sammle Daten und bereite sie auf

Warum?	Du willst die Daten.
Dein Ziel?	...ist eine Datei mit allen Daten in digitalem Format (Word, Excel oder andere).
Was steht danach NEU im Text?	Der Anhang ist voller Daten
Dauer	120 – 150 h über 40 Tage

Du machst Interviews?

Dann triff die Gesprächspartner, frage sie aus, nimm alles schön per Diktier-App auf und sieh zu, dass Du zeitlich im Rahmen bleibst.

Du machst eine Umfrage?

Dann ran an die Teilnehmer, trommle jeden Tag für die Umfrage, überlege, wo noch Teilnehmer aufzutreiben sind und sieh zu, dass Du zeitlich im Rahmen bleibst.

Du machst eine Datenerhebung?

Dann ran an Deine Datenobjekte, fülle jeden Tag mehrere Bögen aus oder einen Bogen mit vielen Punkten und sieh zu, dass Du zeitlich im Rahmen bleibst.

Was sind die Zeitfresser bei der Datenerhebung und wie umgehe ich sie?

Zeit kosten vor allem:

- Keine oder schlechte Vorbereitung der Detailfragen und Hypothesen (kann Dir nicht mehr passieren)
- Nur wenig ausgearbeitete Hilfsmittel wie Leitfaden, Checklisten, Fragebögen etc. (kann Dir eigentlich auch nicht mehr passieren)
- Fehlende Kenntnisse in Statistik (es gibt Tutorials, Workshops und auch Experten)
- Fehlende Teilnehmer = mangelhafte Strategie zur Gewinnung von Probanden – mangelnde Vorbereitung
- Fehlende Auswertungsmethodik wie Statistik, Inhaltsanalyse...

Das Wichtigste auf einen Blick:

1. Die Daten-Sammlung muss ergiebig sein, um Erkenntnisse zu gewinnen.
2. Halte Dich an Deinen Plan.
3. Halte Ordnung in den Unterlagen und behalte damit den Überblick.
4. Notiere etwaige Veränderungen im Vorgehen für den Text.

Mögliche „Mini"-Sprints (Änderungen, Ergänzungen):

Während der Beschaffung der Daten wirst Du noch einige kleinere Herausforderungen meistern und das Vorgehen etwas anpassen. Notiere das und sammle weiter. Die Aufbereitung der Daten ist eher nicht final. Bei der Analyse gibt es sicher noch Aufbereitungsbedarf.

Sprint 39. Analysiere die Daten

Warum?	Du willst die Erkenntnisse = Antworten.
Dein Ziel?	... ist eine detaillierte Liste von Erkenntnissen zu den Detailfragen.
Was steht danach NEU im Text?	Das Kapitel detaillierte Ergebnisse
Dauer	120 – 150 h über 40 Tage

Wie werte ich einen Erhebungsbogen aus?

Deine Detailfragen sind der Rahmen für die Auswertung. Schon bei der Erstellung des Bogens hast Du die Detailfragen mit den Fragen im Bogen verbunden. Jetzt musst Du die Ergebnisse der Erhebung nutzen, um die Detailfragen zu beantworten.

Nehmen wir das Beispiel-Thema „Lesegewohnheiten von Fach-Ebook-Lesern"
Wir haben Detailfragen erstellen direkt dazu Unterkapitel.

6.2 Darstellung der detaillierten Ergebnisse und Erkenntnisse der Analyse

6.1.1 Motive des Lesens
6.1.2 Präferierte Inhalte
6.1.3 Verwendungszwecke der Inhalte im Beruf
6.1.4 Orte und Zeiten und Dauer des Lesens

Du hast bei einzelnen Lesern die Motive erhoben. Jetzt sammelst Du die Antworten und suchst darin nach Mustern, Gemeinsamkeiten, Häufungen, Gegensätzen, gemeinsam auftretenden Phänomenen. Drei von 15 sagen, sie lesen aus Vergnügen oder Spaß oder Langeweile. Vier der 15 lesen für die Erziehung, 2 wegen Hobby etc. Gehe auf diese Weise alle Fragen und gesammelten Daten durch.

Auswertung von Probanden-Interviews und Experteninterviews

Was ist das Ziel der Auswertung von Interviews/Experteninterviews?

Das Ziel ist eine Sammlung relevanter Aussagen zur Beantwortung der Detailfragen und der Forschungsfragen. Das sind:

- gehaltvolle Aussagen und Fakten,
- die Essenzen der Antworten und
- konkrete Beschreibungen und Darstellungen von Sachverhalten.

Tipps für den Einstieg in die Auswertung von Interviews/ Experteninterviews

Mache Dir vor der Auswertung von Interview-Transkripten ein paar Fakten klar. Dann fällt Dir die Auswertung leichter.

- Die Auswertung von Interviews ist schwer, für alle!
- Niemand kann das leicht schaffen.
- Die Texte der Antworten in den Interviews sind meist komplex.
- Die Sätze können sehr unterschiedlich sein.
- Das Begriffsverständnis der Gesprächspartner ist mitunter nicht einheitlich.
- Ohne ein Koordinatensystem (Kategorien) geht es nicht.
- Es gibt meist Spielraum für die Interpretationen der Aussagen.
- Jeder würde die Auswertung der gleichen Interview-Texte etwas anders machen.
- Der Auswerter beeinflusst die Auswertung.
- Jeder Gesprächspartner sagt etwas anderes oder betont andere Aspekte.
- Manche Antworten sind nicht brauchbar. Lass sie einfach weg.
- Manche Teilnehmer schweifen weit ab. Lass das Überflüssige gnadenlos weg.
- Manche sagen Dinge, die Du noch gar nicht betrachtet oder berücksichtigt hast. Dann überlege, ob sie rein sollen.

Vorgehen bei der Auswertung von Interview-Transkripten (aus Experteninterviews)

Schritt 1: Mach Dir Dein Ziel klar! Bei jeder Frage muss die Essenz der Antwort stehen.

Schritt 2: Nimm das erste Interview-Transkript und markiere alle Sätze und Satzteile in Rot, welche relevante Fakten und Aussagen enthalten.

Pause

Schritt 3: Wiederhole die Prozedur mit dem nächsten Interview und dann den weiteren Interviews. Prüfe nach der Auswertung aller Interviews unbedingt noch einmal die ersten Interviews.
Schritt 4: Gehe alle rot markierten Stellen in den Interviews noch einmal durch und prüfe, ob sie tatsachlich relevant sind.
Schritt 5: Trage alle rot markierten Antworten zu jeweils EINER Frage in eine Tabelle ein.
Schritt 6: Vergleiche die Aussagen zu einer Antwort. Finde gleiche/ähnliche Aussagen und verschiedene Aussagen. Markiere die gleichlautenden Aussagen mit Doppelbuchstaben (AA) für Aussage 1, (BB) für Aussage 2 etc.

Beispiele für gleiche Aussagen zum Thema:
Auswirkungen von Schokolade auf die Motivation von Studenten.
Frage zur Motivationswirkung von heller Schokolade.
Gesprächspartner (GP) 1: Helle Schokolade hat eine motivierende Wirkung auf Studierende. Das zeigen alle Versuche.
GP 2: Die motivierende Wirkung von heller Schokolade ist eindeutig.
GP 3: Die Probanden zeigen nach dem Genuss heller Schokolade eine deutlich höhere Motivation.
GP 4: Unstrittig ist, dass helle Schokolade die Lernmotivation von Studierenden verbessern kann.

Beispiele für völlig unterschiedliche Aussagen:
GP 1: Helle Schokolade muss auf jeden Fall gekühlt sein, um wirklich zu motivieren.
GP 2: Uns ist aufgefallen, dass helle Schokolade im Hochpreissegment eine höhere Motivation haben kann.
GP 3: Die Tageszeit ist wichtig für die Motivationswirkung. Schokolade am Vormittag hat den besten Effekt.
GP 4: Nur wenn es neben dem Schokoladenkonsum auch eine ausgewogene Ernährung gibt, kann ein positiver Motivationseffekt festgestellt werden.

Schritt 7: Erstelle aus den Detailfragen und Interviewfragen das Gerüst für den Text. Die Detailfragen sind Deine Zwischenüberschriften. Eventuell kannst Du das erst später machen, wenn Du alle Inhalte beisammen hast.
Schritt 8: Füge dann unter die Interviewfragen (also in die Zwischenkapitel) jeweils zuerst die gleichen Aussagen ein und dann die restlichen, also unterschiedlichen Aussagen. Vermerke dabei zu den Aussagen in Klammern den jeweiligen Interviewpartner (Gesprächspartner 1 = GP1, GP2 etc.)
Schritt 9: Formuliere dann einen Fließ-Text in den Kapiteln, in welchen die roten Aussagen eingefügt sind, kursiv und als wörtliche Zitate, also mit „... und ...".

Variante A: Schreibe Sätze und integriere die Aussagen in die Sätze.
Variante B: Schreibe Sätze und füge dann mit Doppelpunkt die Aussagen ein.

Mögliche Formulierungen:

Variante A: Der Experte Alfa betonte, dass *„... die Backeigenschaften von weißer Schokolade ... besonders relevant für ihre Nutzung in der Herstellung von Weihnachtsgebäck..."* sind.

Variante B: Experte Alfa stellte fest: *„...Die Backeigenschaften von weißer Schokolade sind besonders relevant für ihre Nutzung in der Herstellung von Weihnachtsgebäck..."*.

(Tipp: lasse die Aussagen aus den Interviews BIS ZULETZT in Rot!!! Das erleichtert die Kontrolle.)

Schritt 10: Kontrolliere und schleife die Unterkapitel im Ergebniskapitel gründlich.

Schritt 11: Zieh bei jeder Interviewfrage die Schlussfolgerungen. Bei den gleichlautenden Aussagen ziehe die Schlüsse am besten jeweils hinter den gesammelten Aussagen. Bei den unterschiedlichen Aussagen ziehe die Schlüsse erst nach ALLEN unterschiedlichen Aussagen.

Was sind die Besonderheiten bei Interviews mit Probanden?

Der Unterschied zu den Experteninterviews ist, dass die Aussagen von Probanden

viel weniger reflektiert und verallgemeinert sind. Das hat Auswirkungen auf die Auswertung. Bei Experten-Interviews ist es möglich, auf Kategorien aus Modellen zurückzugreifen. Schon die Fragen sind darauf angelegt.
Bei Probanden-Interviews werden dagegen die Sachverhalte mit einer Vielzahl von Worten umschrieben. Diese Worte klingen auch unterschiedlich bei verschiedenen Probanden. Daher müssen als erstes aus den Aussagen im Text Kategorien abgeleitet werden. Kategorien sind Begriffe als Stellvertreter für bestimmte Aussagen.

Beispiel:
Kategorie: Gewohnheitsmäßiger Ebook-Leser
Dazu passen Aussagen wie:
Ich lese regelmäßig Ebooks.
Das ist eine klare Aussage. Aber es geht auch anders...
Kein Tag vergeht, an dem ich nicht im einen oder anderen Ebook stöbere.
ODER: ich habe mein Tablet immer dabei und kann daher immer auf meine Ebook-Sammlung zurückgreifen. Und das tue ich auch fast jeden Tag.
ODER: wenn ich zur Arbeit fahre, lese ich meistens Ebooks.
ODER: Ich habe so viele Ebooks, die kann ich gar nicht alle lesen. Aber ich versuche es jeden Tag auf Neue, wenigstens ein paar Seiten zu lesen.
All diese Aussagen deuten auf eine einzige Kategorie hin: das ist ein gewohnheitsmäßiger Leser.
Von dieser Art von Aussagen gibt es bestimmt Dutzende.
Du brauchst ein Kategoriensystem. Du musst es für Deine Fragestellung ableiten, kannst aber auf Modelle zurückgreifen.

Wie erarbeite ich mein Kategoriensystem?

Schritt 1: Markiere im ersten Interview alle Sätze und Satzteile mit relevanten Fakten und Aussagen in Rot.
Pause
Schritt 2: Mache das für die nächsten Interviews.
Schritt 3: Vergleiche alle roten Stellen in den Interviews und versuche, sie inhaltlich zu ordnen.
Schritt 4: Trage die rot markierten Antworten zu jeweils EINER Frage in eine Tabelle ein.

Schritt 5: Versuche, für die ähnlichen oder fast gleichen Aussagen jeweils einen Begriff zu finden. Aussage für Aussage. Das ist die Basis Deines Kategoriensystems.
Schritt 6: Gleiche die Begriffe ab und vereinheitliche sie. Am besten wäre, sie tauchen auch in Modellen auf. Du kannst dann diese Begriffe als Kategorien verwenden, WENN Deine Inhalte weitestehend deckungsgleich mit denen in den Modellen sind. Mache dazu am besten eine Tabelle, in der die Begriffe aufgelistet sind.
Schritt 7: Werte jetzt alle Interviews mit diesen Kategorien aus.

Noch ein paar Tipps:

- Du brauchst unbedingt eine Deadline für die Auswertung. Sonst sitzt Du monatelang daran. Wirklich.
- Du brauchst Pausen.
- Du brauchst parallel zur Auswertung die Beschäftigung mit anderen Kapiteln, damit Du auf andere Gedanken kommst.
- Du brauchst andere Menschen als Sparringspartner, nicht für alle Stellen und nicht ständig. Aber immer mal was über die Arbeit erzählen entlastet Dich.
- Du kannst Dir und Deinem Urteilsvermögen inzwischen vertrauen. Du hast schon so viel in dem Thema gearbeitet, dass Du Dich auskennst.
- Das gesamte Bild ergibt sich erst am Ende der Auswertung. Sammle also die Details und habe etwas Geduld. Das sind die berühmten "Mühen der Ebene..."
- Gräme Dich nicht, wenn es scheinbar wenige Erkenntnisse gibt. Auch nicht gewonnene Erkenntnisse sind Erkenntnisse.
- Lass noch was übrig für die nachfolgende Forschergeneration. Wenn Deine Fragen beantwortet sind, dann lass es gut sein.

Wie werte ich die Antworten in einem standardisierten Fragebogen aus?

Du hast Deine Detailfragen und Hypothesen und Dein Auswertungsdesign. Nimm also Deine rohen Daten, verarbeite sie mit einem Statistik-Programm und prüfe Deine Hypothesen und beantworte Deine Detailfragen. Expertenhilfe ist häufig sinnvoll. Finde sie im Internet.

Das Wichtigste auf einen Blick:

1. Die Daten-Analyse ist ein kreativer Prozess und bringt die Erkenntnisse.
2. Nutze die Methoden und hole aus den Daten raus, was geht.
3. Mach Pausen und besprich Dich mit anderen.
4. Notiere Deine Erkenntnisse akribisch.

Mögliche „Mini"-Sprints (Änderungen, Ergänzungen):

Die Analyse selbst dauert länger. Es wird einige Wendungen geben, weil sich bestimmt nicht alle offenen Fragen so einfach beantworten lassen. Sicher kommen auch noch Einsichten in späteren Phasen, wenn Du die Ergebnisse diskutierst oder die Implikationen formulieren willst. Die Analyse ist wirklich erst zu Ende, wenn die Arbeit fertig ist.

Sprint 40. Ziehe Schlüsse und vollende DEIN Modell

Warum?	Du willst den Input für das Ergebnismodell.
Dein Ziel?	... sind Schlussfolgerungen für die Forschungsfrage und Detailfragen = Details für das Modell.
Was steht danach NEU im Text?	Das Kapitel mit Deinem Modell
Dauer	20 - 25 h über 8 Tage

Wie ziehe ich die Schlussfolgerungen?

Jetzt erntest Du die Früchte Deiner akribischen Vorbereitung.

Du hast Deine Detailfragen, die Daten zugeordnet und kannst jetzt mit Hilfe der Ergebnisse die Fragen beantworten und die Lücken schließen.

Wie schließe ich die Lücken im Modell?

Trage die Variablen und die zugehörigen Informationen zu diesen in das Modell ein. Du kannst dann die neuen Erkenntnisse über die Zusammenhänge Punkt für Punkt auflisten und beschreiben oder grafisch sichtbar machen.

Die Erkenntnisse meiner Dissertation sind banal. Was kann ich tun?

Nun hast Du endlich alle Ergebnisse. Du schaust drauf und denkst, wie banal ist das denn!! Das soll alles sein? Das ist das Ergebnis all meiner Mühe...

Mit solchen Zweifeln bist Du nicht allein. Die folgenden 5 Fragen helfen Dir, sie zu überwinden.

Frage 1: Inwieweit habe ich meine ursprünglichen Ziele erreicht?

Miss Deine Erkenntnisse an den ursprünglichen Zielen!!! Im Exposé stehen Ziele, Forschungsstand und Vorgehen. Vergleiche Deine Erkenntnisse damit. Entsprechen die Ergebnisse den Zielformulierungen im Großen und Ganzen, dann sind die Ergebnisse in Ordnung. Änderungen der Zielformulierung sind natürlich zu berücksichtigen.

Frage 2: Hat mein Betreuer das Ziel am Anfang direkt abgesegnet?
Das Konzept wurde vom Betreuer abgesegnet, darunter die Zielformulierung. Stimmen die jetzigen Ergebnisse mit der damaligen Zielformulierung weitgehend überein und sind diese Ergebnisse vom Doktorvater oder der Doktormutter akzeptiert? Wenn ja, dann höre auf zu grübeln!

Frage 3: Bin ich vorgegangen, wie im Exposé geplant?
Bist Du den Schritten weitgehend gefolgt? Hast Du die Methoden weitgehend ohne Abstriche angewendet? Konntest Du die Daten beschaffen und auswerten? Dann sollten Deine Ergebnisse auch akzeptabel sein und Du solltest sie akzeptieren.

Frage 4: Was sagt mein Betreuer zu den Ergebnissen?
Frage direkt nach, wie er/sie diese Erkenntnisse einschätzt. Diskutiere Tiefe und Umfang der einzelnen Ergebnisse und Erkenntnisse. Verteidige Deine Erkenntnisse. Überarbeite die Ergebnisse noch einmal, ein letztes Mal!

Frage 5: Hat sich der Forschungs- und Erkenntnisstand inzwischen weiterentwickelt? Hat jemand meine Erkenntnisse vor mir herausgebracht?
Was für ein Alptraum, wenn man die eigenen Erkenntnisse im Artikel eines anderen Autors liest... Positiv betrachtet ist das natürlich ein Anreiz für Dich, zügig mit der Diss fertig zu werden, damit so etwas nicht passiert. Solange Du den aktuellen Forschungsstand im Blick hast, weißt Du, dass Deine Erkenntnisse einzigartig sind. Sorge also besser dafür, dass die Welt Deine Erkenntnisse endlich bekommt und höre auf mit dem Grübeln über die Qualität der Ergebnisse.

Das Wichtigste auf einen Blick:

1. Das Ziehen von Schlüssen führt zu den Erkenntnissen.
2. Du wirst mehrere Schleifen drehen müssen. Fange also mit Entwürfen an.
3. Notiere Deine Schlussfolgerungen.

Mögliche „Mini"-Sprints (Änderungen, Ergänzungen):

Die Schlussfolgerungen sind Teil der Analyse. Dabei wird es auch einige Überraschungen geben und vor allem Schleifen, bis zum Schluss. Akzeptiere es und freue Dich auf weitere Einsichten gegen Ende der Arbeit.

MEILENSTEIN 7: Kapitel Ergebnisse ist fertig!

MEILENSTEIN 7:
Kapitel Ergebnisse ist fertig!

Warum?	Das Kapitel Ergebnisse ist fertig.
Dein Ziel?	... ein fertiger Entwurf des Kapitels Ergebnisse.
Was steht danach NEU im Text?	Das Kapitel Ergebnisse
Dauer	98 h (ca. 12 Arbeitstage)

Sprint 41. Erstelle den Anhang

Warum?	Du willst den Anhang.
Dein Ziel?	... ist ein weitgehend fertiger Anhang für die Verweise in den Kapiteln.
Was steht danach NEU im Text?	Der Anhang.
Dauer	5 - 8 h über 2 Tage

Warum sollte ich denn JETZT den Anhang erstellen?

Ganz einfach: Du wirst in Deinem Ergebniskapitel und allen folgenden Kapiteln auf Daten und Ergebnisse verweisen. Diese finden sich bei einer empirischen Arbeit im Anhang. Wenn Du aus Transkripten zitierst, dann musst Du die Fundstelle angeben, mit Anhang und Zeilenzahl. Nur dann ist alles nachvollziehbar. Daher der Anhang!!!

Was kommt aus Interviews in den Anhang?

- Der leere Leitfaden oder mehrere, wenn mehrere Gruppen interviewt wurden.
- Die Transkripte aller Teilnehmer, entweder mit Namen oder einer Nummer.
- Die Code-Tabelle, falls es eine Kodierung gab.
- Die Datentabelle mit Aussagen zu einzelnen Punkten, falls vorhanden.
- Ein Gesprächsverzeichnis mit Namen und Datum oder alternativ mit Nummer und Position oder Funktion.

Was kommt aus Fragebögen in den Anhang?

- Der leere Fragebogen oder mehrere, wenn mehrere Gruppen befragt wurden.
- Die Datentabelle mit Rohdaten, wenn es verlangt wird.
- Tabellen mit Ergebnissen, die nicht im Text verwendet wurden, die aber für die Ergebnisse relevant sind.

Was kommt aus Erhebungen in den Anhang?

- Der leere Erhebungsbogen oder mehrere, wenn mehrere Objekte betrachtet wurden.
- Die ausgefüllten Erhebungsbögen, wenn sich die Anzahl im Rahmen hält. Mehr als 20 sind sicher zu viele. Diese kommen dann auf eine CD.
- Die Code-Tabelle, falls es eine Kodierung gab.
- Die Datentabelle mit allen Daten zu einzelnen Punkten.

Was kommt NICHT in den Anhang?

Nur nicht öffentlich zugängliche Dokumente kommen in den Anhang. Alles, was sich in öffentlich zugänglichen Quellen findet, kommt daher nicht hinein. Das gilt für Bücher und Studien. ABER: eine Ausnahme sind Webseiten. Deren Inhalte können gelöscht werden. Daher sind Screenshots sinnvoll, welche je nach Anzahl entweder im gedruckten Anhang eingefügt oder auf CD gespeichert werden.

Was mache ich, wenn ich viele mehrseitige interne Dokumente in den Anhang packen muss?

Nutze am besten Trennblätter. Pro Dokument gibt es ein Deckblatt mit Nummer und Name des Anhangs und normaler Seitenzahl. Ganz am Ende werden die internen Dokumente dann NACH dem Drucken und VOR dem Binden eingefügt.

Das Wichtigste auf einen Blick:

1. Der Anhang ist unabdingbar für die Analysen und das Schreiben der Kapitel für die Eigenleistung.
2. Arbeite von Anfang an mit unserer Schreibvorlage.
3. Ergänze Anhänge, wann immer sie auftauchen.

Mögliche „Mini"-Sprints (Änderungen, Ergänzungen):

Der Anhang wird bis zum Ende der Arbeit wachsen. Nimm ihn ernst, weil das die Auswertung und das Schreiben leichter macht.

Sprint 42. Präsentiere die Ergebnisse

Warum?	Du willst die Betreuer auf das Ende vorbereiten.
Dein Ziel?	...ist ein positives Feedback zu Deinen wesentlichen Ergebnissen und grünes Licht für die Vollendung.
Was steht danach NEU im Text?	Der Abschnitt Ergebnisse.
Dauer	15 - 20 h über 5 Tage

Wie präsentiere ich meine Ergebnisse?

Erstelle am besten einen Vortrag, auch mit Blick auf die Verteidigung.

Diese Inhalte hat der Vortrag:

- Update zu Detailfragen, Daten-Sample, Methoden-Mix und Analyse-Tools,
- Übersicht der Ergebnisse als Liste,
- Darstellen der Hauptergebnisse auf je einer Folie, entlang der Detailfragen,
- Stichworte und Grafiken sind gut.

Umfang: 10 – 15 Folien für 15 bis 20 Minuten

Tipps für den Vortrag

- Betrachte den Vortrag als Chance, Dir vor dem Schreiben über die Ergebnisse klarer zu werden.
- Fokussiere auf das Wesentliche und entlang der Detailfragen.
- Versuche, die Ergebnisse zu visualisieren, wo immer es geht.
- Große Schrift, große Abbildungen, wenig Text, nur Stichworte zum Erzählen.
- Mache, wenn möglich eine Story daraus. Erzähle ruhig interessante Hintergründe zur Erhebung und zur Auswertung.
- Wenn Du enthusiastisch bist, dann lass das ruhig sehen. Das kann anstecken.
- Lass Raum für Diskussionen, aber sei bestimmt im Auftreten. Niemand ist tiefer im Thema als Du.

- Achte auf die Reaktionen und frage nach, wenn Dir was unklar ist.
- Übe den Vortrag 20-mal, als ob Du morgen die Verteidigung hast.

Kann ich dem Betreuer nicht einfach die Ergebnisse senden und um Feedback bitten?

Wie denn? In welcher Form? Du musst die Ergebnisse so oder so aufschreiben. Dabei bist Du im Moment selbst noch nicht komplett durch... Besser ist daher ein persönliches Gespräch mit einem Vortrag vorab. Mache den Vortrag, auch wenn der Betreuer das gar nicht verlangt. Dein Argument ist: ich will schon mal für die Verteidigung üben. Das kommt gut an.

Was mache ich, wenn der Betreuer die Ergebnisse nicht gut findet oder gar richtig verreißt?

Das sollte nach der langen Vorbereitung und der engen Abstimmung nicht passieren. Eigentlich könnte es nur sein, dass er mit einigen Aussagen nicht konform geht oder einiges unklar findet. Das sind dann Kritikpunkte für die Überarbeitung. Was Besseres kann Dir gar nicht passieren. Du weißt Du VOR dem Schreiben der Ergebnisse, worauf die Betreuerin Wert legt.

Sollte ich eventuell erst Teilergebnisse vorstellen?

Klar, wenn sich die Ergebnisse nach und nach finden, dann ist eine Zwischenpräsentation sinnvoll.

Was passiert nach dem Vortrag? Was sollte ich tun?

Mach Dir Notizen und verfasse ein Protokoll mit allen Kritikpunkten. Dann setze einen Termin und liefere einen angepassten Vortrag mit kurzer Erläuterung der Änderungen oder gleich Teile vom Ergebniskapitel. Dann kümmere Dich um das Schreiben des Ergebniskapitels.

Das Wichtigste auf einen Blick:

1. Die Präsentation der Ergebnisse ist wieder eine wunderbare Deadline, um nicht im Datenmeer zu versinken.
2. Die Präsentation soll Dir Klarheit bringen und Bestätigung.
3. Mache einen detaillierten Vortrag, schon mit Blick auf die Verteidigung.
4. Frage die Betreuer nach konkretem Feedback, aber sei zurückhaltend mit der Einarbeitung von Hinweisen. Prüfe sie vorher gründlich.
5. Die Inhalte im Vortrag sind essenzieller Teil Deines Vortrags zur Verteidigung.

Mögliche „Mini"-Sprints (Änderungen, Ergänzungen):

Der Vortrag und die Konsultation werden noch ein paar Anregungen für die Darstellung der Ergebnisse und Erkenntnisse bringen. Aber wirklich fundamental neue Einsichten wird es vermutlich nicht geben.

Sprint 43. Schreibe das Kapitel Ergebnisse

Warum?	Du willst das Kapitel Ergebnisse fertig haben.
Dein Ziel?	... ist ein weitgehend fertiges Ergebniskapitel.
Was steht danach NEU im Text?	Das Kapitel Ergebnisse
Dauer	50 - 70 h über 18 Tage

Was kommt in das Kapitel mit den detaillierten Ergebnissen?

Hier stehen die Antworten auf Deine Detailfragen. Das sind die einzelnen Erkenntnisse und Ergebnisse Deiner Analysen und Auswertungen, Deine Eigenleistung, Dein eigener wissenschaftliche Beitrag.

Du hast diese finalen Erkenntnisse bei der Zielformulierung schon von der Struktur her beschrieben.

Wie schreibe ich das Kapitel Ergebnisse?

Deine Detailfragen sind die Unterkapitel im Kapitel Ergebnisse. Damit hast Du eine klare Ordnung der Ergebnisse. Gehe so vor:

- Sammle alle Argumente und Schlussfolgerungen aus Deiner Analyse und den Auswertungen.
- Schreib sie jeweils unter die Detailfragen, in Stichworten oder Sätzen.
- Dann formuliere die Antworten auf die einzelnen Detailfragen aus.
- Lass den Text liegen und schleife ihn.
- Erkläre die Ergebnisse Deinen Freunden.
- Halte einen richtigen Vortrag, vor wem auch immer.

Nehmen wir das Beispiel-Thema **„Lesegewohnheiten von Fach-Ebook-Lesern"**
Eine kurze Wiederholung:
Diese Detailfragen haben wir und sie bilden die Unterkapitel:

6.2 Darstellung der detaillierten Ergebnisse und Erkenntnisse der Analyse

6.1.1 Motive des Lesens

6.1.2 Präferierte Inhalte

6.1.3 Verwendungszwecke der Inhalte im Beruf

6.1.4 Orte und Zeiten und Dauer des Lesens

Vielleicht lassen sich die Inhalte auch anders darstellen. Aber die Logik und Klarheit der Detailfragen ist einfach zu bestechend, um das anders zu machen...
Hier noch ein Beispiel für die Darstellung der detaillierten Ergebnisse zum Thema **„Auswirkungen von Schokoladenkonsum auf die Motivation von Studis"**

Detailfrage 1: Welchen Einfluss hat der Schokoladenkonsum auf die Fähigkeit, länger zu arbeiten?
Die folgende Grafik gibt einen Überblick über den Zusammenhang zwischen den konsumierten Schokoladenmengen und den Arbeitsstunden. Auffällig dabei ist...

Detailfrage 2: Welcher Zusammenhang besteht zwischen der Schokoladensorte und dem Glücksniveau der Studierenden in der Prüfungsvorbereitung?
Den Zusammenhang zwischen der Schokoladensorte und dem Glücksniveau der Studierenden in der Prüfungsvorbereitung zeigt die folgende Übersicht. Offensichtlich führt ein höherer Zuckeranteil zu ... usw.

7 Tipps für das Kapitel mit den Ergebnissen

- Plane genug Zeit für die Ergebnisse ein. Das ist im Grunde das wichtigste Kapitel. Dafür gibt es die meisten Punkte. Vermeide, die meiste Zeit für die Grundlagen, die Datensammlung und Analyse zu verwenden und für die Ergebnisse nur kümmerliche zwei oder drei Wochen übrig zu haben. Betreuer machen es bei der Begutachtung genau andersrum: sie überfliegen die Grundlagen und widmen sich die meiste Zeit den Ergebnissen.
- Die Ausarbeitung des Ergebniskapitels beginnt schon ganz am Anfang, wenn die Detailfragen festgelegt werden. Diese Detailfragen bilden das Grundgerüst für das Ergebniskapitel.

- Sortiere und schreibe immer entlang der Detailfragen.
- Mach Dir immer Notizen zu den Erkenntnissen, direkt zu den Detailfragen.
- Das Ergebniskapitel solltest Du nicht in einem Ruck schreiben müssen. Das muss liegen bleiben und geschliffen werden. Außerdem ergeben sich mit Pausen noch weitere Gesichtspunkte.
- Diskutiere die Ergebnisse mit anderen. Verteidige Deine Ergebnisse. Erkläre die Erkenntnisse. Trage sie als Vortrag vor.
- Arbeite mit Stichworten, wenn Dir keine ganzen Formulierungen im Moment einfallen.

Formulierungen für die detaillierten Ergebnisse

- Die Befragung der XY Gruppe ergab einen engen Zusammenhang zwischen...
- Signifikante Ergebnisse zeigen die Untersuchungen des Zusammenhangs zwischen Alfa und Beta...
- Weniger stark ist der Zusammenhang zwischen Faktor Arpas und Betras...
- Wie die Abbildung XXX zeigt, fordert Alfa das Auftreten von Beta...
- Als Ursachen für den Zustand XY kommen vor allem das Vorhandensein von XZ in Frage...
- Abbildung 14 belegt den Einfluss von B auf D...
- Die Werte 1 und 2 deuten auf die Existenz eines XY hin... Allerdings ist auffällig, dass...
- Weniger eng ist der Zusammenhang zwischen X und Y bei der Gruppe der PP...
- Den stärksten Einfluss übt Alfa auf Zeta aus...
- Der Wert von Zeta wird besonders von den Faktoren R und T bestimmt...
- Die zentrale Erkenntnis der Studie von XXX ist....
- Weiterhin gibt es einen Zusammenhang zwischen Alfa und Beta.
- Nicht erwartet wurde der Zusammenhang zwischen Beta und Theta.
- Eine weitere Erkenntnis betrifft den Zusammenhang zwischen ...
- Der Faktor Gamma spielt offenbar eine wichtigere Rolle für Lambda als bislang angenommen.
- Etc.

Das Wichtigste auf einen Blick:

1. Das Kapitel Ergebnisse ist das wichtigste Kapitel der ganzen Arbeit. Hier findet sich DEIN Beitrag zum Erkenntnisfortschritt.
2. Arbeite entlang der Detailfragen und der Ergebnisse der Analysen.
3. Arbeite die Hinweise aus dem Vortrag mit ein, dann wird die Note super!

Mögliche „Mini"-Sprints (Änderungen, Ergänzungen):

Überarbeite das Kapitel Ergebnisse, nachdem Du die Diskussion und die Schlussfolgerungen beendet hast.

MEILENSTEIN 8: Dein Text ist fertig und gedruckt!

MEILENSTEIN 8:
Dein Text ist fertig und gedruckt!

Warum?	Du willst den fertigen Text.
Dein Ziel?	... sind fertige Kapitel für das Lektorat.
Was steht danach NEU im Text?	Der Text ist makellos und gedruckt.
Dauer	263 h ca. 33 Arbeitstage

Sprint 44. Überarbeite die Kapitel Theorie, Review, Modell, Methodik

Warum?	Du willst den ersten Teil fertig.
Dein Ziel?	... sind fertige Kapitel für das Lektorat.
Was steht danach NEU im Text?	Fertige Kapitel Theorie, Review, Modell, Methodik
Dauer	15 - 20 h über 5 Tage

Wie überarbeite ich die Kapitel?

Du hast jetzt alle Erkenntnisse beisammen und weißt somit, in welchem Kapitel was überarbeitet oder anders dargestellt werden sollte. Gehe so vor:

- Lies die Kapitel.

- Mache Kommentare mit XXXX in Rot an problematischen Stellen.
- Lass den Text liegen.
- Bereite die Inhalte schon für den Vortrag vor. Dann kannst Du parallel den Text schleifen und extra-schlank machen!
- Gehe die XXXX immer zwischendurch an, wenn Du Dich belohnen willst.
- Arbeite an den Kapiteln, so dass diese danach ins Lektorat und Korrektorat können.

Das Wichtigste auf einen Blick:

1. Die vier Kapitel Theorie, Forschungsstand, Modell und Methodik wirst Du nach dem Forschungsprozess anders schreiben wollen. Lass das lieber. Passe sie nur dort an, wo es nötig ist.
2. Setze Dir Deadlines, sonst dauert das Monate!

Mögliche „Mini"-Sprints (Änderungen, Ergänzungen):

Die Überarbeitung ist final. Also fokussiere Dich danach auf die Ergebnisse, die Diskussion, die Schlussfolgerungen und das Finale.

Sprint 45. Formuliere Thesen

Warum?	Du willst die Essenz der Arbeit.
Dein Ziel?	... sind ausformulierte Thesen.
Was steht danach NEU im Text?	Die Thesen.
Dauer	10 - 15 h über 3 Tage

Was sind Thesen?

Thesen sind Aussagen zu jeweils einem bestimmten Sachverhalt.
Sie beschreiben:

- Was ist?
- Was lässt sich über XYZ sagen?

Die Thesen sind die Essenz der Erkenntnisse der Arbeit und damit die Antworten auf die Forschungsfrage und Detailfragen.

Beispiel 1: (Ergebnis empirischer Analyse)

XY-Menschen haben einen höheren Hang zur Selbstoffenbarung als AB-Menschen. Dies äußert sich in den Handlungen 1, 2 und 3...

Beispiel 2: (Ergebnis empirischer Analyse)

Kreativität in Gruppen kann sich unter den Gegebenheiten A, B und C besser entfalten. Denn diese Gegebenheiten reduzieren Kommunikationshemmungen bei den Mitgliedern der Gruppe...

Wie formuliere ich Thesen?

Formuliere Aussagen, die die wichtigsten Ergebnisse der Analyse zusammenfassen

- Entwurf machen, je wichtige Einsicht = eine These

- Liegenlassen.
- Bearbeiten, reduzieren, schleifen.
- Liegenlassen.
- Anderen vorstellen, verteidigen, selbst kritisch betrachten.
- Finale Formulierung.

Wie viele Thesen brauche ich?

5 bis 10 Thesen sollten reichen. Die Qualität ist wichtiger als Quantität.

Wann sollte ich die Thesen formulieren?

Du kannst sie schreiben, sobald Dein Erkenntnisprozess abgeschlossen ist. Du solltest sogar noch vor dem Schreiben der Ergebnisse damit beginnen.

Wie lang sind Thesen?

Sie umfassen in der Regel ca. 3 bis 6 Sätze.

Woher kommen die Thesen?

Sie kommen aus den Erkenntnissen der Arbeit. Thesen enthalten die Argumente aus der Analyse.

- Sie beschreiben die Essenz der Arbeit.
- Sie dienen der kurzen Information für Interessenten.
- Sie geben Dir Orientierung und damit ein Ziel für das Schreiben.
- Sie sind die Materialisierung des Ziels der Arbeit in Form von Aussagen.

Muss ich meine Thesen begründen?

Nein, nicht mehr. Denn das hast Du schon die ganze Zeit gemacht. Du hast auf diese Aussagen hingearbeitet. Auch Quellenangaben sind überflüssig.

Tipps für die Thesen

- Formuliere Thesen konkret, beschreibend, präzise.
- Nummeriere die Thesen.
- Sortiere die Thesen entlang der Ergebnisse (Detailfragen).
- Formuliere die Thesen, lass sie liegen, schleife sie wieder.
- Verteidige sie gegenüber anderen. Und schleife sie erneut.

Das Wichtigste auf einen Blick:

1. Die Thesen sind die Essenz der Erkenntnisse der ganzen Arbeit.
2. Entwirf sie entlang der Detailfragen und der Ergebnisse der Analysen.
3. Überarbeite sie nach dem Schreiben der anderen Kapitel.

Mögliche „Mini"-Sprints (Änderungen, Ergänzungen):

Überarbeite und schleife die Thesen, wenn Du am Ende der Arbeit angelangt bist.

Sprint 46. Schreibe das Kapitel Diskussion

Warum?	Du willst das fertige Kapitel.
Dein Ziel?	... ist ein fertiges Kapitel für das Lektorat.
Was steht danach NEU im Text?	Das Kapitel Diskussion
Dauer	30 - 40 h über 10 Tage

Wozu dient die Diskussion?

Die wichtigsten Erkenntnisse der Datenauswertung müssen diskutiert werden, um sie in das aktuelle Forschungsfeld einzuordnen. An sich ist eine Diskussion ein Austausch von Argumenten, Fakten, Positionen und Ideen zu einem Thema.

In der Dissertation ist die Diskussion die Erörterung der eigenen Erkenntnisse in Verbindung mit dem bisher Bekannten, den vorhandenen Theorien und Modellen. Verweise also auf zentrale, bereits vorhandene Erkenntnisse, Modelle, Theorien und Fakten und bringe diese in Verbindung mit Deinen neuen Erkenntnissen.

Dazu werden die Standpunkte und Ansätze und Erkenntnisse von Autoren noch einmal aufgegriffen und den eigenen Erkenntnissen (nicht Deiner Meinung!!!) gegenübergestellt. Die Gliederung des Diskussionskapitels erfolgt am besten entlang der eigenen Erkenntnisse. Mit den wichtigsten Erkenntnissen solltest Du anfangen. Am Ende sollten mindestens fünf Erkenntnisse diskutiert werden.

Wie schreibe ich die Diskussion?

Die Diskussion sollte auf jeden Fall nicht erst zwei Tage vor dem Druck geschrieben werden! Die Diskussion ist ein Denkprozess und braucht etwas Zeit und Denkpausen und dann Überarbeitung.

Die inhaltliche Voraussetzung für das Kapitel mit der Diskussion ist das Kapitel mit den Ergebnissen. Stehen die Ergebnisse weitgehend fest, kann auch die Diskussion erfolgen.

Sinnvoll ist, sich immer wieder Notizen bei guten Einfällen zu machen.
Eine echte Diskussion mit einem Sparringspartner ist natürlich auch sinnvoll. Das ist wiederum ein Hinweis, dass die Diskussion nicht auf die Schnelle geschrieben werden darf.
Wichtig: Es gibt keinen echten Maßstab, was alles in die Diskussion gehört. Du hast die Arbeit gemacht. Du weißt, was wichtig ist. Wähle also die Inhalte selbst aus. Die Quelle für die Inhalte der Diskussion sind Deine Erkenntnisse und die im Text beschriebenen theoretischen Ansätze, empirischen Erkenntnisse, Fakten, Argumente und Modelle aus fremden Quellen. Es sollten jetzt keine neuen Quellen mehr auftauchen!

Liste von Fragen zum Schreiben der Diskussion

Schritt 1: Bisheriges Wissen
Was sind die 3 bis 5 wichtigsten Ansätze, Modelle, Theorien, Gegebenheiten etc.?
Schritt 2: mein neues Wissen
Was sind meine wichtigsten Erkenntnisse, die noch nicht in wissenschaftlichen Quellen stehen?
Schritt 3: Verbindung zwischen bisherigen und meinen Erkenntnissen

- Welche bisherigen Erkenntnisse kann ich bestätigen?
- Welche bisherigen Erkenntnisse widersprechen meinen Ergebnissen? Welche Ursachen kann es dafür geben? Wo sind eventuell Unterschiede im Forschungsdesign? Habe ich andere Erhebungsmethoden oder Auswertungsmethoden? Habe ich eine andere Zielgruppe? Habe ich andere Fragen gestellt?
- Welche neuen Erkenntnisse kann ich zu einzelnen Fragen beitragen?
- Welche Fragen bleiben offen? Was muss weiter erforscht werden?

Wie hängt das Kapitel mit der Diskussion mit den anderen Teilen des Textes zusammen?

Das Kapitel mit der Diskussion ist die Krönung Deiner Arbeit. In der Diskussion wird auf die Standpunkte und Erkenntnisse anderer Autoren eingegangen. Diese werden mit Deinen Erkenntnissen im Zusammenhang betrachtet.
Die Diskussion ist daher mit allen Kapiteln verbunden. Sie ist vor allem auch mit der Einleitung verbunden, weil in dieser die Detailfragen zur Forschungsfrage formuliert sind. Damit schließt sich der Kreis.

Diese Formulierungen helfen bei der Diskussion der Ergebnisse:

- Die Erkenntnisse A, B und D bestätigen die Ergebnisse der empirischen Studien der Autoren X, Y, Z.
- Die Daten zur Variable X12 widersprechen dem Modell von Autor M hinsichtlich der Frage ABC...
- Besonders die Frage K24 ist nach wie vor nicht beantwortet. Sie muss weiter untersucht werden...
- Eine Erweiterung des Ansatzes von Autor Gamma sind die Erkenntnisse über die Aspekte A und G und G1...
- Die Ergebnisse zeigen, dass unter bestimmten Umständen auch die Fähigkeiten A und B für X benötigt werden.

7 Tipps für die Diskussion der Ergebnisse der Analysen

- Schiebe die Diskussion nicht bis auf den Tag vor dem Druck auf.
- Mach Dir während der Arbeit schon Gedanken und Notizen für die Diskussion.
- Fang mit den wichtigsten Erkenntnissen an.
- Folge dem Schema der Detailfragen.
- Halte zur Übung einen Vortrag zur Diskussion. Nimm ihn mit einer Diktier-App auf.
- Diskutiere die Inhalte Deiner Diskussion mit Diskussionspartnern. Im Austausch finden sich immer die besten Argumente.
- Sei kritisch bei Feedback zur Diskussion. Niemand hat sich so intensiv mit dem Thema beschäftigt wie Du. Nimm also gut gemeinte Ratschläge erstmal zur Kenntnis und reflektiere sie, bevor Du alles Mögliche änderst. Eine Nacht drüber schlafen hilft bestimmt.

Das Wichtigste auf einen Blick:

1. Das Kapitel Diskussion stellt Deine Erkenntnisse in Bezug zu bisherigen Erkenntnissen.
2. Nimm Dir Zeit für das Kapitel, obwohl Deine Energie langsam ausgeht...
3. Die Diskussion ist wichtig für den Vortrag.

Mögliche „Mini"-Sprints (Änderungen, Ergänzungen):

Das Kapitel Diskussion schreibst Du schon recht spät im Projekt. Daher sollte es keine größere Überarbeitung mehr geben.

Sprint 47. Schreibe das Kapitel Implikationen

Warum?	Du willst das fertige Kapitel.
Dein Ziel?	... ist ein fertiges Kapitel für das Lektorat.
Was steht danach NEU im Text?	Das Kapitel Implikationen
Dauer	15 - 20 h über 5 Tage

Was sind Implikationen?

Implikationen sind Auswirkungen der Erkenntnisse für andere. Die Erkenntnisse machen eventuell ein Handeln Dritter nötig. Das Kapitel kann auch mit Handlungsempfehlungen kombiniert werden.

Ein Beispiel:

Die sozialen Netzwerke sind für Menschen inzwischen attraktiver geworden als Fernsehen. Das hat Folgen für die TV-Sender. Diese müssen ihre Angebote überdenken.

Noch ein Beispiel:

Wikipedia verändert das Recherchieren und das Schreiben von Hausaufgaben. Die Didaktik muss diese Änderungen berücksichtigen.

Welche Mikrofragen helfen bei Implikationen?

- Für welche Stakeholder sind die Erkenntnisse relevant?
- Wer ist davon betroffen?
- Welchen Einfluss haben die Ergebnisse der Arbeit möglicherweise für die Stakeholder?
- Was müssen diese eventuell ändern im Hinblick auf Aktivitäten, Gewohnheiten, Herangehensweisen, Entscheidungen etc.?
- Welche Schlüsse können im Hinblick auf aktuelle Regelungen gezogen werden?

- Was sollte sich ändern?

Formulierungen für Implikationen und Schlussfolgerungen

- Die Erkenntnisse aus dieser Arbeit sind für die folgenden Zielgruppen besonders relevant...
- Die Gruppe XY (Beispiel: Leasing-Unternehmen) muss ihre Technologie in Zukunft...
- Mit der Änderung (ABC) ergeben sich neue Chancen für den Markteintritt von XY Unternehmen...
- Die Ergebnisse der Auswertung legen nahe, dass Alfa und Delta...
- Der Einfluss von A auf B lässt darauf schließen, dass...
- Langfristig ist zu erwarten, dass...
- Angesichts der vielfältigen Möglichkeiten im Bereich A und B könnte im Projekt...
- Damit ist offensichtlich, dass der Faktor Alfa mittelfristig eine größere Bedeutung gewinnen wird...
- Die Entscheidung für die Einführung von System XY muss auch den Einfluss von Beta berücksichtigen.

Das Wichtigste auf einen Blick:

1. Das Kapitel Implikationen zeigt, dass Du das große Ganze im Blick hast.
2. Sei kreativ und denke einige Erkenntnisse weiter. Dann ergeben sich neue Einsichten.
3. Über Implikationen lässt sich in der Verteidigung sehr schön diskutieren.

Mögliche „Mini"-Sprints (Änderungen, Ergänzungen):

Das Kapitel Implikationen sollte nicht mehr groß überarbeitet werden müssen.

Sprint 48. Schreibe das Kapitel Methodenkritik

Warum?	Du willst das fertige Kapitel.
Dein Ziel?	... ist ein fertiges Kapitel für das Lektorat.
Was steht danach NEU im Text?	Das Kapitel Methodenkritik
Dauer	8 - 10 h über 2 Tage

Was sind die Inhalte im Kapitel Methodenkritik?

Nenne und beschreibe in diesem Kapitel die Vor- und Nachteile der Methoden und Tools wie Fragebogen und Interviews.

- Wie zuverlässig sind die genutzten Methoden und Tools wie Fragebogen und Interviews?
- Welche Probleme bei der Datenerhebung führten zu einer schlechteren Qualität der Daten?
- Welche Änderungen sollten bei einem künftigen Projekt vorgenommen werden, um bessere Ergebnisse zu erhalten?
- Welche Kompromisse mussten bei der Datenerhebung oder Datenauswertung gemacht werden, die bei neuen Versuchen vermieden werden sollten?
- Frage Dich, welche Methode wohl die besten Ergebnisse bringen könnte und dann vergleiche sie mit der genutzten Methode. Dabei werden Ansätze für die Beurteilung der genutzten Methoden sichtbar.

Ein Bewertungsmaßstab für Deine Methodenkritik ist einerseits der aktuelle Forschungsstand und auf der anderen Seite der Forschungsbedarf. Du setzt Deine eigenen Ergebnisse in Beziehung zu den bisher verwendeten Methoden. Damit ergibt sich eine Einordnung Deiner Arbeit, mit ihren Stärken und Schwächen. Der Forschungsbedarf gibt Dir Hinweise zu möglichen weiteren Methoden.

Weitere Mikrofragen für die Methodenkritik

- Waren die genutzten Methoden adäquat?
- Konnten die Methoden in der Zeit und mit den Objekten, so wie von den Methoden verlangt, angewendet werden
- Hätte man mit anderen Methoden bessere Ergebnisse erzielen können?
- Hätte man mit mehr Zeit bessere Ergebnisse erzielen können?
- Gibt es Methoden, die besser wären, aber nicht angewendet werden konnten? Warum nicht? (Zeit, Kosten, Erreichbarkeit von Personen etc.).

Ein Beispiel für eine Methodenkritik:

Beschreibe, was gut geklappt hat und was schwierig war.
Beispiel:
Das A-Verhalten der X-Gruppe ist bereits gut erforscht. Diese Arbeit konnte einige Erkenntnisse beisteuern. Allerdings ist die Aussagekraft der Erkenntnisse eingeschränkt, aufgrund der zeitlichen Beschränkung der Beobachtung auf eine Woche.
Die Herausforderung ist, Daten über das längerfristige B-Verhalten der X-Gruppe zu beschaffen. Dazu ist eine längerfristige Begleitung und Beobachtung des Verhaltens der Teilnehmer notwendig. Sinnvoll ist die Durchführung einer 3-monatigen Versuchsreihe zur Gewinnung entsprechender Daten. Allerdings müssen dafür einige ethische Aspekte geklärt werden.

Formulierungen für die Methodenkritik

- Wesentliche Defizite der gewählten Vorgehensweise sind die mangelnde Repräsentativität der Ergebnisse...
- Aufgrund des eingeschränkten Zugangs zur Zielgruppe war es nicht möglich, die Fragen 2 und 6 adäquat zu beantworten...
- Die Beschränkung der Fragen auf den Themenbereich 2 aufgrund der kurzen Interviewdauer führte dazu, dass die Tiefe...
- In einer neuen Befragung sollte auf X und Y geachtet werden.
- Die Lücken im Datensatz 14 erlaubten nicht, den Zusammenhang zwischen den Variablen A und B tiefer gehend zu untersuchen. Daher wurde...

Tipps für die Methodenkritik

- Geh zu Deinen Anfangsideen für die Methoden zurück, zu den Methoden, die sich nicht nutzen ließen. Das sind Aufhänger für die Methodenkritik.
- Mache Dir immer wieder Notizen für die Methodenkritik.
- Betrachte die Arbeit aus der Distanz, als ob Du selbst sie bewerten müsstest.
- Schaue noch mal auf die Methoden der anderen Studien. Welche davon hättest Du auch gerne genutzt?

Das Wichtigste auf einen Blick:

1. Das Kapitel Methodenkritik zeigt, dass Du kritisch auf Dein Projekt und Deine Erkenntnisse schauen kannst.
2. Gehe zu Deinen Anfangsideen zurück, zu denen, die sich nicht umsetzen ließen. Das sind Aufhänger für die Methodenkritik.
3. Du belegst, dass Du schon ein oder sogar viele Projekte NACH Deinem Projekt sehen kannst.
4. Du nimmst den Gutachtern Kritikpunkte schon vorweg. Das zeugt von Souveränität und entwaffnet die Gegenseite. ☺

Mögliche „Mini"-Sprints (Änderungen, Ergänzungen):

Das Kapitel Methodenkritik muss gleich sitzen und sollte nicht mehr überarbeitet werden müssen.

Sprint 49. Schreibe das Kapitel Forschungsbedarf

Warum?	Du willst das fertige Kapitel.
Dein Ziel?	... ist ein fertiges Kapitel für das Lektorat.
Was steht danach NEU im Text?	Das Kapitel Forschungsbedarf
Dauer	8 - 10 h über 2 Tage

Welche Inhalte kommen in das Kapitel Forschungsbedarf?

Der Forschungsbedarf umfasst weiterhin bestehende Wissenslücken. Im Grunde haben wir mehr Forschungslücken als Erkenntnisse. Formuliere den Forschungsbedarf entweder als Aufzählung von Aspekten oder als eine Reihe von Fragen.
Deine eigenen Erkenntnisse müssen natürlich weiter ausgebaut werden. Wenn Du eine Literaturauswertung gemacht hast, sollten sich daran empirische Analyse anschließen wie Experteninterviews oder Probandeninterviews oder Fallstudien. Damit können im Einzelfall gewonnene Erkenntnisse durch repräsentative Analysen mit vielen Probanden oder Fällen überprüft werden.

Also gibt es letztlich 2 Varianten des Forschungsbedarfs:

1. in Einzelfallen oder wenigen Fällen gewonnene Erkenntnisse überprüfen oder bestätigen oder erweitern,
2. bisher fehlende Erkenntnisse gewinnen und bisher unerforschte Aspekte unter die Lupe nehmen.

Diese Mikrofragen helfen beim Forschungsbedarf

- Welche weiteren Aspekte des Zusammenhangs zwischen den Faktoren A und B sind interessant aber bisher wenig erforscht?
- Welche Aspekte der eigenen Erkenntnisse müssen weiter untersucht werden?

- Was für Arten von weiteren Untersuchungen sind sinnvoll, um das Wissen über das Thema XYZ zu erweitern?

Mindestens 5 offene Fragen solltest Du finden und formulieren können.

Beispiele für Forschungsbedarf

Wir betrachten ein Beispiel für Forschungslücken für das Schokoladen-Thema im Hinblick auf die Motivation von Studis.

THEMA: Einfluss von Schokolade auf die Motivation von Studierenden in Klausurphasen

1. Empirische Bestätigung der Erkenntnisse zu den gleichen Gruppen von Studierenden (Überprüfung oder Validierung)

Bisher wurden Selbstbeobachtungen mit eigener Dokumentation von Präsenzstudenten an Unis und Fachhochschulen in Klausurphasen gemacht. Folgende Methoden wären zur weitergehenden Überprüfung zwar geeignet aber ethisch nicht akzeptabel:

- Kurzzeit-Experimente,
- Langzeit-Beobachtung in einem Labor,
- Permanente Körpermessungen mit Geräten und Überwachung mit Video etc.

2. Untersuchung der gleichen Gruppen von Studierenden und der gleichen Variablen Motivation und Schokolade, aber in anderem Kontext (Erweiterung)

Untersucht wurde der Kontext Klausurphasen. Folgende andere Kontexte kommen in Betracht:

- Hausarbeiten-Phasen,
- Thesis-Schreiben,
- Praktikum,
- Vortrage und Referate etc.

3. Untersuchungen für weitere Gruppen von Studierenden (andere Objekte)

Erforscht wurden Präsenzstudenten an Unis und Fachhochschulen in Klausurphasen. Weitere mögliche Gruppen sind folgende:

- Fernstudenten/MBA,
- Doktoratsstudenten,
- Studenten im Dualen Studium etc.

Das Ziel sind neue Erkenntnisse über diese Untergruppen.

4. Erforschung von anderen Variablen bei den gleichen Gruppen von Studierenden (andere Variable)

Ein ganz anderer Fokus wäre die Erforschung der Wirkung von Schokolade auf das Leistungsniveau der Studis.

Weitere Variablen könnten sein:

- Glücksniveau,
- Gesundheit,
- Gewicht,
- Wohlbefinden,
- Körperkoordination,
- Kreativität uvm.

Schau noch mal auf das Thema. Alle vier Substantive (Schokolade, Motivation, Studis, Klausurphasen) darin kannst Du variieren und schon hast Du jede Menge Forschungsbedarf.

Welche Formulierungen helfen beim Forschungsbedarf?

- Offene Fragen sind weiterhin ....
- In der Zukunft ist weitere Forschung zu den Aspekten 1, 2, 3 notwendig...
- Diese Studie konnte einen Beitrag zum Themenbereich ABC leisten. Jedoch sind weitere Anstrengungen nötig, um ein Modell von ABC zu entwickeln.
- Die im Fall Alfa gewonnenen Erkenntnisse lassen sich nicht ohne Weiteres auf andere Fälle übertragen. Daher sind weitergehende Analysen notwendig. Insbesondere sollten weitere Fallstudien durchgeführt werden...
- Nicht betrachtet werden konnten die Ereignisse/Faktoren G, K und P.
- Ein Schwerpunkt künftiger Forschung sollte der empirische Nachweis des Einflusses von Alfa auf Beta sein...
- Die gewonnenen Erkenntnisse konnten nur für die Branche X erhoben werden. Zu überprüfen ist daher die Übertragbarkeit auf die Branchen Y und Z.
- In der Untersuchung wurde die Situation X simuliert, ohne die Faktoren P und Q... In künftigen Analysen müssen auch diese beiden Faktoren berücksichtigt werden."

Das Wichtigste auf einen Blick:

1. Das Kapitel Forschungsbedarf zeugt von Weitblick.
2. Gehe zu Deinen Anfangsfragen zurück, zu denen, die sich nicht beantworten ließen. Das sind Aufhänger für den Forschungsbedarf.
3. Liste ruhig eine ganze Reihe von Ideen auf. DU musst sie ja nicht umsetzen.

Mögliche „Mini"-Sprints (Änderungen, Ergänzungen):

Das Kapitel Forschungsbedarf ist nie fertig. Du musst es einfach am Ende gut sein lassen...

Sprint 50. Überarbeite das Kapitel Ergebnisse

Warum?	Du willst das fertige Kapitel.
Dein Ziel?	... ist ein fertiges Ergebniskapitel für das Lektorat.
Was steht danach NEU im Text?	Das Kapitel Darstellung der Ergebnisse
Dauer	30 - 40 h über 10 Tage

Wie gehe ich die Überarbeitung an?

Du hast jetzt alle Unterkapitel fertig, bis auf das Fazit. Sicher sind Dir noch Ideen gekommen, was im Kapitel Ergebnisse verbessert werden sollte. Jetzt ist die Zeit, diese Überarbeitung vorzunehmen. Die folgenden Aspekte sollten dabei eine Rolle spielen:

- präzise, verständlich, komplett,
- falls zu viele Ergebnisdetails, verschiebe einiges eventuell in den Anhang,
- die Qualität der Grafiken ist wichtig,
- erläutern, erklären, verbinden,
- Bezug auf das Modell,
- Bezug auf andere Autoren,
- gemeinsame Positionen und unterschiedliche Positionen
- Bestätigungen, Widerlegungen, Weiterentwicklungen.

Mach Pausen und vollende dann das Kapitel. Vermutlich wird eine Deadline Deine Überarbeitung beenden... Aber so ist der Lauf der Welt.

Das Wichtigste auf einen Blick:

1. Das Kapitel Ergebnisse hast Du vor kurzem geschrieben. Daher sollte nicht mehr viel zu überarbeiten sein.
2. Setze Dir eine Deadline und verheddere Dich nicht!

Mögliche „Mini"-Sprints (Änderungen, Ergänzungen):

Die Überarbeitung der Ergebnisse ist final. Du willst schließlich zum Ende kommen.

Sprint 51. Schreibe das Kapitel Fazit und Ausblick

Warum?	Du willst das fertige Kapitel.
Dein Ziel?	... ist ein fertiges Kapitel für das Lektorat.
Was steht danach NEU im Text?	Das Kapitel Fazit
Dauer	15 - 20 h über 5 Tage

Welche Inhalte stehen im Fazit bzw. den Schlussfolgerungen? Aus welchen Quellen kommen sie?

Die Schlussfolgerungen oder das Fazit aus der Arbeit sind eine Übersicht der wesentlichen Lehren aus Deinem Erkenntnisprozess. Daher geht es um Deine Ergebnisse, aber auch um weitergehende Schlusse und Konsequenzen aus der Analyse. Dazu wird auf die wichtigsten behandelten Bereiche des Themas verwiesen. ACHTUNG: hier geht es nicht um DIE Beantwortung der Forschungsfrage. Die Antworten auf die Forschungsfragen gehören in Dein Ergebniskapitel! Hier stehen nur die Hauptpunkte Deiner Antworten, in Kurzform. Die Quellen für das Fazit sind die eigenen neuen Erkenntnisse und die bisherigen feststehenden Erkenntnisse, welche im Text behandelt worden sind

Hier ist ein Beispiel für ein Fazit

Die Forschung konzentriert sich bisher auf 3 Faktoren, die Unwissenheit der Verursacher, die Unbedarftheit der Anwender und die Ignoranz der Entscheider. Zum Faktor Unwissenheit gibt es Erkenntnisse aus Experimenten mit Grauweiß-Störchen. Der Einfluss des Faktors Unwissenheit besteht vor allem darin, dass sich diese Tiere immer wieder verfliegen. Der Faktor Unbedarftheit konnte bisher nicht messbar gemacht werden. Dennoch gibt es erste Ergebnisse für die Gruppe der Nestbauer. Sie deuten darauf hin, dass sie immer zu wenig Baumaterial heranschaffen. Eine Ursache dafür könnte die fehlende Ortskenntnis sein. ...

Die Ignoranz der Entscheider ist schon ein viel erforschtes Phänomen. Allerdings sind die Datenerhebungen für Grauweiß-Störche bisher noch wenig aussagekräftig. Herausforderungen sind vor allem die mangelnde Beobachtbarkeit in der freien Flugbahn. Zum anderen wechseln diese Vögel ständig ihr Revier. Damit ist ein Verfolgen ...
Weitere Forschung ist vor allem nötig hinsichtlich der Ursachen des Trends zu zweistöckigen Nestern für die Unterbringung großer Storchenfamilien. Auch die Verbrüderung der Grauweiß-Störche mit den Weißgrau-Störchen ist ein neuartiges Phänomen und erfordert tiefergehende Erforschung.

7 Tipps für das Schreiben des Fazits

- Schreibe das Fazit nicht erst zwei Tage vor dem Druck.
- Sammle schon unterwegs Ideen für das Fazit.
- Sammle Stichworte und formuliere das Fazit am Ende aus.
- Fasse Dich kurz. Das Fazit hat nur ein paar Seiten.
- Mache eine Liste der wichtigsten Schlussfolgerungen. Wähle die 3 bis 5 wichtigsten und schreibe dazu lieber etwas mehr als zu zehn Punkten jeweils nur zwei Sätze.
- Betrachte die gesamte Arbeit und die Ergebnisse mit etwas Abstand.
- Besprich das Fazit mit anderen.

Diese Mikrofragen helfen beim Schreiben von Fazit und Schlussfolgerungen

- Was sind die wichtigsten Erkenntnisse meiner Arbeit und welche Schlussfolgerungen ergeben sich daraus?
- Was sind die wichtigsten Erkenntnisse und Lehren aus der Untersuchung?
- Welche Schlüsse lassen sich ziehen, im Hinblick auf A, B oder C?
- Welche Aspekte des Themas sind gut erforscht? Welche Fragen müssen weiter erforscht werden?
- Welche Analyse-Methoden haben sich als geeignet erwiesen, welche sind weniger passend, welche sollten ausprobiert werden?
- Welche Zielgruppen sind bereits analysiert worden? Welche müssen weiter erforscht werden?
- Was bedeuten die Erkenntnisse für Betroffene, für Akteure?

- Welchen Einfluss haben die Erkenntnisse auf Aktivitäten oder Prozesse von Akteuren?
- Was bedeuten die Erkenntnisse für Betroffene, für Akteure?
- Welchen Einfluss haben die Erkenntnisse auf Aktivitäten oder Prozesse von Akteuren?

Formulierungen für Implikationen und Schlussfolgerungen

- Die Erkenntnisse aus dieser Arbeit sind für die folgenden Zielgruppen besonders relevant...
- Die Gruppe XY (Beispiel: Leasing-Unternehmen) muss ihre Technologie in Zukunft...
- Mit der Änderung (ABC) ergeben sich neue Chancen für den Markteintritt von XY Unternehmen...
- Die Ergebnisse der Auswertung legen nahe, dass Alfa und Delta...
- Der Einfluss von A auf B lässt darauf schließen, dass...
- Langfristig ist zu erwarten, dass...
- Angesichts der vielfältigen Möglichkeiten im Bereich A und B konnte im Projekt...
- Damit ist offensichtlich, dass der Faktor Alfa mittelfristig eine größere Bedeutung gewinnen wird...
- Die Entscheidung für die Einführung von System XY muss auch den Einfluss von Beta berücksichtigen.

Was gehört in meinen Ausblick?

Der Ausblick ist das Ergebnis der eigenen Arbeit. Daher sind die Ergebnisse der Analysen die Quelle für den Ausblick. Der Ausblick sollte die Ergebnisse und Erkenntnisse Deiner Arbeit weiterdenken. Dabei solltest Du auf künftige relevante Entwicklungen und Aspekte eingehen. Die offenen Forschungsfragen hängen damit eng zusammen. Hier steht dann auch ein letzter Satz, der den Kreis schließen soll.
Dein letzter Satz sollte eine Art Essenz sein, nicht einfach irgendein Detail. Eine gute Idee kann sein, einen bekannten Autor als Autorität zu zitieren, in dem Sinne, der Autor XXX sagt das auch...

Beispiel für den Ausblick:

Ebooks werden in der Zukunft eine strategische Rolle im Verlagsgeschäft spielen.

Daher müssen sich Verlage heute schon mit der zielgruppengenauen Publikation von Ebooks befassen und diese optimieren. Nur so sind sie für die Herausforderungen der Zukunft gerüstet.

7 Tipps für das Vorgehen beim Schreiben des Ausblicks

- Schreibe unbedingt ein paar Sätze zu offenen Fragen für die weitere Forschung.
- Sammle schon unterwegs Ideen dafür.
- Orientiere Dich an den Fragen.
- Besprich Deinen Ausblick mit anderen. Das müssen gar keine Fachleute sein.
- Schreibe den Ausblick nicht erst ganz am Ende, ein paar Stunden vor dem Druck. Das wird nicht gut.
- Spekuliere nicht. Wenn Dir wenig einfällt, dann schreibe eben nur drei Punkte hin.
- Überlege, die Aussage anerkannter Expert/innen einzubringen, als Autoritätsbeweis.

Beantworte diese Mikrofragen für den Ausblick

- Was kann aus den Ergebnissen der Arbeit für die Zukunft geschlossen werden?
- Welche Entwicklungen sind zu erwarten?
- Was für Probleme können auftreten?
- Wer ist davon betroffen?
- Welche Chancen sind denkbar?
- Auf welche Aspekte muss wer achten?
- Was muss weiter erforscht werden?

Das Wichtigste auf einen Blick:

1. Das Fazit enthält die wichtigsten Erkenntnisse und Schlussfolgerungen und einen Ausblick.
2. Fasse Dich kurz und fokussiere auf das Wesentliche.
3. Schau schon auf den Vortrag in der Verteidigung.

Mögliche „Mini“-Sprints (Änderungen, Ergänzungen):

Das Kapitel Fazit steht am Ende und sollte nicht mehr überarbeitet werden müssen.

Sprint 52. Schreibe das Abstract

Warum?	Du willst das Abstract.
Dein Ziel?	... ist eine knackige Zusammenfassung.
Was steht danach NEU im Text?	Das Abstract
Dauer	5 - 8 h

Was ist ein Abstract?

Ein Abstract ist eine sehr knappe Zusammenfassung der Arbeit. Der Umfang beträgt ungefähr eine Drittel-Seite oder ca. 10 bis 15 Sätze.

Hier ist ein Beispiel für einen Abstract

Das Thema lautet:

Angebote, Suchfunktionen und Usability von Ebook-Shops - eine systematische Bewertung ausgewählter Plattformen

Diese Arbeit analysiert ausgewählte Ebook-Plattformen im Hinblick auf Ebook-Angebot, Suchfunktionen und Darstellung der Inhalte. Dazu wurde ein eigens erstellter Kriterienkatalog genutzt. Dieser Kriterienkatalog wurde anhand von Fachliteratur zu Kaufverhalten, Leseverhalten, Nutzererwartungen und Usability von Online-Buch-Shops entwickelt. Die Ebook-Angebote, die Suchfunktionen zu Inhalten der Ebooks und die Darstellung der Inhalte sowie die Navigation auf den Plattformen wurden im Detail bewertet. Im Anschluss wurden die Ergebnisse für ausgewählte internationale Plattformen verglichen. Die Plattformen unterscheiden sich in den Ergebnissen. Die Tiefe des Ebook-Sortiments ist bei der Mehrheit der Plattformen beschränkt. Zwar sind alle Kategorien vertreten, aber die Anzahl der angebotenen Titel ist gering. Die Art der Darstellung der Inhalte ist bei den meisten Plattformen modern. Allerdings ist das Suchen innerhalb der Ebooks nur bei einer Minderheit möglich. Ebook-Kataloge müssen ihr Angebot ausbauen.

Angesichts der Qualitätsunterschiede zwischen den Plattformen ist jedoch eine Markt-Konsolidierung zu erwarten. Die weitere Forschung sollte sich auf das Nutzerverhalten und die Umsetzbarkeit innovativer Geschäftsmodelle im Ebook-Marktsegment konzentrieren.

Diese 5 Mikrofragen helfen beim Abstract-Schreiben

- Worum geht es in der Arbeit (Fokus, Beitrag)?
- Wer oder was wurde untersucht (Untersuchungsobjekt, Stichprobe, Sample)?
- Wie wurde vorgegangen (Methodik)?
- Was wurde erreicht, was sind die Ergebnisse?
- Woran muss weiter geforscht werden (Forschungsbedarf)?

Pro Frage etwa ein bis drei Sätze!

8 Tipps für das Schreiben des Abstracts

- Schreibe nicht zu viel. 10-15 Sätze reichen.
- Schreibe nicht 2 Stunden vor dem Drucken.
- Vergiss nicht das Vorgehen, Deine Methodik.
- Schreibe das Abstract schon, sobald die wichtigsten Ergebnisse vorliegen.
- Lass das Abstract liegen und kontrolliere ihn später noch mal.
- Lass jemand das Abstract Korrektur lesen.
- Lass die englische Version von einem Muttersprachler prüfen.
- Halte Dich an unsere fünf Fragen. Dann kann Dir nichts passieren.

Das Wichtigste auf einen Blick:

1. Das Abstract muss sehr kurz sein.
2. Halte Dich an die 5 Fragen.

Mögliche „Mini"-Sprints (Änderungen, Ergänzungen):

Das Abstract sollte geschliffen sein. Das kannst Du ganz am Ende noch mal machen.

Sprint 53. Überarbeite die Einleitung und formuliere den finalen Titel

Warum?	Du willst den Titel für das Deckblatt und die fertige Einleitung.
Dein Ziel?	... ist das Deckblatt und die fertige Einleitung.
Was steht danach NEU im Text?	Das Kapitel Einleitung
Dauer	15 - 20 h über 5 Tage

Überarbeite die einzelnen Unterkapitel in der Einleitung

Vergleiche Deine Einleitung und deren Inhalte mit dem Erforschten und Geschriebenen und überarbeite gegebenenfalls den Kontext, den Studienüberblick, die Forschungslücke sowie Forschungsfrage und Methodik.

Wie sollte ich das Thema formulieren?

Im Thema müssen die wichtigsten betrachteten Variablen stehen.

Das Thema kann ein Oberthema enthalten. Das sollten aber wenigstens drei Worte sein.

„Ebooks" wäre noch kein Oberthema.

„Ebooks heute" ist nichtssagend

Ein besserer Titel wäre: „Die Rolle von Ebooks in der Weiterbildung"

Noch ein paar Tipps für die Themenformulierung

- Keine Frage als Thema.
- Keine Verben.
- Nicht mehr als 20 Worte.
- Nur ein Bindestrich erlaubt.
- Kein Doppelpunkt.
- Einfache Formulierungen sind klarer.

Das Wichtigste auf einen Blick:

1. Das Kapitel Einleitung ist jetzt schon relativ alt. Du wirst es nach dem Forschungsprozess vielleicht stark überarbeiten wollen oder müssen.
2. Überarbeite mit Blick auf die Verteidigung.
3. Setze Dir eine Deadline!

Mögliche „Mini"-Sprints (Änderungen, Ergänzungen):

Die Überarbeitung ist final, denn der Druck steht vor der Tür.

Sprint 54. Lasse Plagiatsanalyse, Lektorat und Korrektorat machen

Warum?	Du willst einen Tipp-Top-Text.
Dein Ziel?	... sind stilistische Verbesserungen, keine Fehler und keine Plagiatsstellen im Text.
Was steht danach NEU im Text?	Weniger Text und besserer Text.
Dauer	30 - 40 h über 7 Tage (aber nicht nur Deine Zeit)

Was ist ein Plagiat?

Prof. C. Schwarzenegger schreibt 2006:

- wörtliche oder sinngemäße Übernahme von Textstellen anderer ohne Quellenangabe,
- Verwendung von Textteilen aus dem Internet, ohne www-Adresse und Zugriffsdatum,
- Verwendung eigener Studienarbeiten,
- Übersetzungen ohne Quellenangabe,
- Ghostwriting.

Können auch Abbildungen Plagiate sein?

Ja! Sie sind auch geistiges Eigentum. Abbildungen sind mit Plagiatssoftware nicht auffindbar. Aber Betreuer können sie als Plagiat erkennen.

Lösung: eigene Abbildungen machen oder Abbildung ändern und Quelle angeben
Nach/In Anlehnung an Mustermann, 2007, S. 15

Was ist kein Plagiat?

Kein Plagiat sind...

- ganz allgemeine Aussagen,
- allgemeine Redewendungen,

- eigene Schlussfolgerungen und gewonnene Erkenntnisse.

Wie kann eine Plagiatsprüfung helfen?

Eine Plagiatsprüfung ist unbedingt nötig! Sie kann schon nach dem Schreiben des Theorieteils gemacht werden. Dann bleibt mehr Zeit. Besonders alte Arbeiten, die online erworben wurden, sind leicht von der Plagiatsprüfsoftware zu finden.

Ist wortwörtliches Abschreiben mit Quellenangabe ein Plagiat?

Nein! Aber die Fundstelle sollte besser umformuliert werden!
Ein Text mit vielen längeren wörtlichen Zitaten sagt zweierlei:
1. Der Autor war faul.
2. Der Autor kann Gedanken anderer nicht in seine Argumentation einbauen.
Lösung: Immer schön umschreiben oder paraphrasieren und Quelle angeben!

Das Lektorat

Richtig vorgehen beim Lektorat:

- Lies aufmerksam, Satz für Satz.
- Prüfe Abschnitt für Abschnitt, Absatz für Absatz.
- Lösche überflüssige Wörter.
- Schreibe schiefe Formulierungen um, manchmal auch radikal.
- Gehe die Kapitel nicht in der tatsächlichen Reihenfolge durch, sondern besser durcheinander, also lies und korrigiere Kapitel 4, Kapitel 1, Kapitel 3, Kapitel 5, Kapitel 2. Beginne das Lektorat mit einem Kapitel in der Mitte.
- Mache regelmäßige Pausen. Denn diese hochkonzentrierte Arbeit macht müde.
- Achte darauf, den Text nicht zu verschlimmbessern.

Das Korrektorat

Was ist der Unterschied zwischen Lektorat und Korrektorat?

Im Korrektorat werden Rechtschreibung, Grammatik und Zeichensetzung geprüft und korrigiert. Im Lektorat werden zusätzlich stilistische Verbesserungen vorgenommen und Vorschläge inhaltlicher Art gemacht, aber auf einer Mikroebene.

Nicht der gesamte Rote Faden wird geprüft, sondern eher die Stimmigkeit der einzelnen Absätze.

Wie mache ich das Korrektorat oder lasse es machen?

Lass den Korrektor in Ruhe arbeiten. Idealerweise sollte er auf Papier arbeiten. Denn so lassen sich am besten Fehler in Rechtschreibung, Grammatik und Interpunktion wie auch formelle Fehler finden und rot markieren. Der Korrektor sollte ein Briefing bekommen, worauf er achten soll. Auch die formalen Hinweise sollten dabei sein. Die Korrekturen arbeitest Du entweder selbst ein oder der Korrektor.

- Lege vorab fest, wer was macht,
- Datei formatmäßig fertigstellen,
- Datei ausdrucken,
- Datei elektronisch zuschicken,
- Dateiausdruck zuschicken,
- Datei zurückerhalten,
- Korrekturen prüfen,
- Korrekturen einarbeiten,
- Erstellen der finalen Druckdatei in PDF,
- Letzte Prüfung der PDF-Druckdatei im Ausdruck.

Wie bereite ich das Korrektorat vor?

Für das Korrektorat muss alles in einer Datei sein. Der Text sollte so ausgedruckt werden, wie er am Ende auch gedruckt werden soll, am besten aus der PDF-Datei. Nun geht es darum, die letzten kleinen Fehlerchen in Rechtschreibung, Grammatik, Interpunktion wie auch Formatierung zu finden und auszubügeln. Ist das Korrektorat fertig, muss der Text druckfertig sein.

Quality-Check für das Korrektorat

- Rechtschreibung perfekt?
- Grammatik und Interpunktion perfekt?
- Fußnoten perfekt?
- Zitate perfekt?
- Verzeichnisse perfekt?
- Datei zum Druck bereit?

Stelle sicher, dass die Korrekturen auch im finalen Text vorgenommen werden. Mache das am besten selbst. Öffne die Datei, gehe diese Zeile für Zeile durch und ändere die fehlerhaften Inhalte. Du musst darauf achten, keine neuen Fehler zu verursachen. Beliebt sind verschobene Seitenumbrüche. Du musst hinterher prüfen, ob alles an der richtigen Stelle ist.

Einarbeiten der Änderungen aus dem Korrektorat

- Datei unter neuem Namen speichern.
- Änderungen im Text vornehmen.
- Datei alle 10 Minuten unter einem neuen Namen speichern (also text1.doc, text2.doc, text3.doc)
- Finale automatische Rechtschreibprüfung nutzen.
- Suchen&Ersetzen von Doppel-Leerzeichen.
- Prüfen Seitenumbrüche.
- Aktualisieren der Verzeichnisse.
- Datei für Druck vorbereiten.

Das Wichtigste auf einen Blick:

1. Sieh zu, dass Du Experten an Deiner Seite hast. Das macht es leichter.
2. Nutze die Checklisten für die Plagiatsanalyse sowie Lektorat und Korrektorat.
3. Sorge für ausreichend Energie bei Dir. Auf den letzten Metern darf sie nicht ausgehen.
4. Setze Dir und den Profis Deadlines!

Mögliche „Mini"-Sprints (Änderungen, Ergänzungen):

Jetzt ist Schluss mit Überarbeitungen. Der Drucktermin steht fest.

Sprint 55. Formatiere, probedrucke, drucke

Warum?	Du willst Dein gedrucktes Werk.
Dein Ziel?	... ist ein perfekt formatierter, fehlerfreier und gedruckter Text.
Was ist NEU im Text?	Der Text ist gedruckt.
Dauer	15 - 20 h über 5 Tage

Formatierung der Druckdatei überprüfen

Du solltest bereits in unserer Schreibvorlage geschrieben haben, siehe Sprint 26. Falls nicht, dann hole Dir jetzt diese Schreibvorlage und kopiere Deine Inhalte hinein. Natürlich kannst Du auch in Deiner eigenen Vorlage schreiben.

Kläre mit dem Betreuer ab, welche formalen Anforderungen er hat. Nutze diese Tabelle.

Formatelement	Mögliche Ausprägungen	Anforderungen meines Lehrstuhls
Seitenzahl der Arbeit	• 100-200 Seiten	
Format	• A 4, einseitig entwerfen	
Zeilenabstand Text	• 1,5-fach	
Schriftart Text	• Arial oder Times New Roman • Blocksatz	
Schriftgröße Text	• 12 Punkt Schrift	
Schriftart Fußnoten	• einfacher Zeilenabstand • 10 Punkt Schrift	

Formatelement	Mögliche Ausprägungen	Anforderungen meines Lehrstuhls
Schriftart Überschriften	• Arial oder Times New Roman • Fettdruck oder Unterstreichen • Durchgehende Nummerierung	
Rand oben	• 2 cm	
Rand unten	• 2 cm	
Rand links	• 3-5 cm	
Rand rechts	• Links 3-5 cm (Korrekturraum)	
Seitenzahlen	• Rechts unten oder • Oben mittig • Schriftart: Arial oder Times New Roman • Schriftgröße: 10 oder 12	
Seitenzählung	• Seite 1 ist die erste Seite des Haupttextes • Seiten mit Verzeichnissen werden mit römischen Zahlen nummeriert • Anhang entweder Fortsetzung Nummerierung vom Haupttext oder vom Inhaltsverzeichnis	
Kopfzeile	• Alternative 1: keine • Alternative 2: Thema der Arbeit • Alternative 3: Kapitelüberschriften	
Abbildungsunterschrift/ Tabellenunterschrift	• Unter die Abbildung • Automatisch durchnummeriert	

Formatelement	Mögliche Ausprägungen	Anforderungen meines Lehrstuhls
	• Mit Quellenverweis direkt darunter • oder als Fußnote • Schriftart: Arial oder Times New Roman • Schriftgröße: 10 oder 12 • Schrifttyp: normal oder Kursiv	

Für den Probedruck solltest Du dieser Übersicht folgen.

1	Zelebriere den Probedruck!	☐

Der Probedruck ist die vorletzte Aktion nach vielen Monaten Arbeit an der Diss. Also kann es ruhig etwas feierlich zugehen. Auch Gäste können geladen werden, die dann verschiedene Aufgaben übernehmen können.

2	Plane zwei Probedrucke ein.	☐

Wenn noch viele Änderungen in der ausgedruckten Datei notwendig sind, kann nach der Einarbeitung der Änderungen noch ein zweiter Probedruck notwendig sein. Dafür sollte noch Zeit bleiben.

3	Bereite den Probe-Druck technisch akribisch vor.	☐

Das sollte der leichteste Teil sein: Drucker, Tintenpatronen, genug Papier, Kabelanschluss funktioniert. Das Technische lässt sich gut delegieren.

4	Bereite die Datei richtig vor.	☐

Die Druck-Datei sollte fix und fertig sein, also lektoriert, korrigiert, formatiert und auf Plagiat geprüft. Alle Teile sollten drin sein, vom Deckblatt bis zur Selbständigkeitserklärung.

5	Umwandlung in PDF	☐

Eine Umwandlung in PDF sollte mit dem Computer möglich sein. Falls das nicht möglich ist, muss man im Internet nach einem PDF-Umwandler suchen.

6	Beziehe andere mit ein.	☐

Für Familie und Freunde ist der Probedruck sicher auch ein Fest. Daher ist es eine gute Gelegenheit, ihren guten Willen für den guten Zweck auszunutzen und sie mit leichteren Aufgaben zu betrauen. Sie können beim Ausdrucken selbst helfen, beim Kontrollieren der Datei und auch bei der Einarbeitung der Änderungen. Denn vier oder sechs Augen sehen mehr.

7	Lass Dir Zeit dafür und mache Pausen.	☐

Jede Minute für die sorgfältige Überprüfung des Probeausdrucks kann hinterher viel Ärger ersparen. Die Arbeit ist anstrengend. Deshalb sind Pausen sehr wichtig.

8	Kontrolliere die Kapitel kreuz und quer, erst 4, dann 7... Nicht von vorne!	☐

Das sorgfältige Kontrollieren des Probeausdrucks verlangt volle Konzentration. Die Einleitung und ersten Kapitel wurden schon X mal gelesen. Um die Konzentration aufrechtzuerhalten, sollte man die Kapitel durcheinander lesen.

9	Gehe alles akribisch durch	☐

Jetzt kommt es drauf an. Fehler sind unerwünscht!

10	Arbeit mit rotem Stift oder Marker.	☐

Für die Einarbeitung ist eine schnelle Orientierung sehr wichtig. Daher immer schön farbig anmerken.

11	Achte auf die Seitenumbrüche	☐

In Probeausdruck kann man sie zwar anmerken. Nach der Einarbeitung ergeben sich aber mit Sicherheit Seitenverschiebungen. Daher ist die finale Kontrolle der Seitenumbrüche erst ganz am Ende sinnvoll.

12	Nicht mehr am Text arbeiten.	☐

Die Arbeit ist fertig! Am Text arbeiten heißt, nochmal irgendein Problem angehen. Jetzt sind nur noch Formalien im Fokus.

Wie läuft der Druck ab?

Folge diesen Hinweisen, die sparen Überraschungen.

Aspekte für die Druckberatung

1. Möglichkeiten für Binden,
2. Arten von Deckblättern,

3. Farben für das Deckblatt,
4. Mögliche Arten von Papier,
5. Mögliche Wege zur Übergabe der Druckdatei,
6. Handling von mehreren Dateien für den Druck,
7. Möglichkeit für das Einfügen farbiger Blätter,
8. Mögliche Arten von Formaten der Druckdatei,
9. Dauer des Drucks,
10. Worst case Dauer,
11. Kosten Farbdruck,
12. Kosten Schwarz-Weiß,
13. Kosten 80g/qm Papier oder 100g/qm Papier.

Tipps zum Vorbereiten des Drucks

Du solltest das Drucken sehr ernst nehmen, rechtzeitig planen und absprechen.

- Formalien klären,
- Briefing für Drucker erstellen,
- Drucker aussuchen,
- Druckberatung,
- Druckprozess festlegen,
- Drucktermin vereinbaren,
- Drucken.

Wie mache ich die Datei druckfertig?

Druckfertig heißt fertige Datei in PDF. Alles ist drin, ein Knopfdruck genügt und die Datei ist gedruckt. Du brauchst also einen PDF-Konverter als Umwandlungsprogramm. Suche im Internet danach. Du musst die Datei noch ein letztes Mal prüfen:

- Seitenübergange,
- Überschriften,
- Tabellen,
- Abbildungen,
- Abbildungsunterschriften,
- Verzeichnisse,
- Anhänge,
- Deckblatt etc.

Wenn nicht alle Inhalte in einer Datei sind, musst Du am Ende mit mehreren Dateien hantieren. Vermeide das besser.
Du kannst aber auch verschiedene Dateien im Programm Adobe Acrobat in eine PDF-Datei einfügen, mit der Funktion „Seiten einfügen". Dann hast Du eine fertige Druckdatei. Das ist eine gute Lösung.
Jetzt kann aber noch ein Problem auftreten. Es kommt immer wieder vor, dass bei der Konvertierung von Word in PDF Fehler auftreten. Linien sind plötzlich da, wo keine sein sollten, eine Tabelle wird nicht sauber gedruckt, eine Abbildung verschiebt sich immer wieder, obwohl sie in Word an der richtigen Stelle ist. Das ist wenige Stunden vor der Abgabe der Alptraum schlechthin...
Da kann im Grunde auch nur ein Profi helfen. Denn die Fehlerquellen sind praktisch unendlich und sehr schwer vorherzusehen. Das ist ein Grund mehr, den ganzen Prozess mindestens zwei Tage vor der Abgabe zu beginnen. Wenn Du merkst, dass es nicht klappt wie geplant, hole Dir frühzeitig professionelle Hilfe, bevor etwas schiefgeht. Experimente solltest Du nicht machen.

Wie läuft der Druckprozess ab?

Gehe die folgenden Schritte.

1. Drucker Briefing fertig stellen,
2. Datei fertig stellen,
3. Datei mit Briefing zusenden,
4. Ausdruck begutachten,
5. Eventuell farbige Seiten einlegen,
6. Seiten sortieren,
7. Bindung machen lassen,
8. Druckexemplare prüfen,
9. Unterschrift,
10. Abgabe.

Quality-Check der Druckdatei

- Alle Textteile sind in Word,
- Seitenzahlen korrekt,
- Verzeichnisse aktualisiert,
- Literaturquellen sortiert,
- Fußnoten korrekt,
- Abbildungen an der richtigen Stelle,
- Qualität der Abbildungen korrekt,
- Qualität der Tabellen korrekt,
- Verzeichnisse korrekt,
- Anhänge korrekt,
- Seitenumbrüche korrekt.

Wie wähle ich den Drucker/Copyshop aus?

- Erfahrung,
- Dauer des Drucks,
- Flexibilität/Öffnungszeiten,
- Qualität Beratung/Betreuung,
- Referenzen von Kommilitonen,
- Kosten.

Das Wichtigste auf einen Blick:

1. Sieh zu, dass Du Experten für die Formatierung an Deiner Seite hast.
2. Nutze die Checklisten für den Probedruck.
3. Sei sorgfältig bei den Kontrollen. Zelebriere sie. Sei froh über jeden gefundenen Fehler
4. Setze Dir und den Profis Deadlines!
5. Setze einen Termin für eine Abgabe-Party an!!!
6. Und vielleicht einen Auto-Corso für die Fahrt zum Prüfungsamt.

Mögliche „Mini"-Sprints (Änderungen, Ergänzungen):

Finaaaaaaale. Schluss! Aus! Vorbei! Der Text ist abgegeben.

MEILENSTEIN 9: Verteidigung geschafft!

MEILENSTEIN 9: Verteidigung geschafft!

Warum?	Du willst die letzte Hürde schaffen.
Dein Ziel?	...ist eine Supernote für einen Super-Vortrag.
Dauer	68 h ca. 9 Arbeitstage

Sprint 56. Studiere das Vortrags-Template

Warum?	Du willst den Vortrag in den Griff bekommen.
Dein Ziel?	...ist eine anwendbare Vorlage.
Was steht danach NEU in meinem Vortrag?	Du hast eine Vortrags-Vorlage zum Füllen.
Dauer	2 – 4 h

Welche Inhalte hat mein Vortrag?

Diese Punkte müssen auf den Folien auftauchen:

- Thema und Untertitel,
- Ausgangspunkt - Kontext - Abgrenzung,
- Forschungsstand,
- Ausgangs-Modell,
- Forschungslücke,
- Forschungsfrage,

- Ziel der Analyse,
- Methodik,
- Theoretische Grundlagen,
- Ergebnisse,
- Methodenkritik,
- Forschungsbedarf,
- Implikationen und Konklusionen.

Das Wichtigste auf einen Blick:

1. Die Verteidigung braucht einen Klasse-Vortrag. Halte Dich besser an das Template.
2. Frage die Betreuer nach Sonderwünschen.

Mögliche „Mini“-Sprints (Änderungen, Ergänzungen):

Fülle die Vorlage für den Vortrag.

Sprint 57. Entwirf den Vortrag, trainiere und schleife

Warum?	Du willst fit sein.
Dein Ziel?	...ist ein schlanker Vortrag, der die Zuhörer umhaut.
Was steht danach NEU in meinem Vortrag?	Inhalte stehen im Vortrag, nicht zu viel und nicht zu wenig.
Dauer	40 - 60 h über 10 Tage

Welche Inhalte kommen in den Vortrag?

- Gehe im Vortrag auf die Hinweise des Betreuers zum Text ein.
- Sammle die einzelnen Präsentationen, die Du während des Projektes schon gehalten hast und füge sie zusammen.
- Vermeide lange Text-Passagen.
- Bringe keine kleinteiligen Modelle mit sehr kleiner Schrift. Wenn, dann höchstens zum Zeigen, aber nicht zum Vertiefen.
- Vereinfache ein Modell und zeige nur die wichtigsten Variablen. Wenn das Modell sehr wichtig ist, dann zeige auf den folgenden Folien die relevanten Teilmodelle.

Tipps zur Vorbereitung eines guten Vortrags

- Der Vortrag entscheidet mit über die Endnote. Daher lohnt es sich, ihn professionell vorzubereiten.
- Fange am besten schon während der Arbeit mit dem Vortrag an. Das hilft Dir auch, Deine Kapitel in den Griff zu bekommen.
- Orientiere Dich an unserer Vorlage für den Vortrag.
- Ein Teil der Inhalte des Vortrags steht schon im Exposé bzw. der Einleitung.
- Beantworte die Fragen in der Vorlage.
- Erstelle nicht mehr als 15 Folien, auch wenn das anfangs unmöglich erscheint.
- Mache lesbare Folien, mindestens 25er Schrift.

- Schleife und schleife und schleife... ABER: nicht einfach so, nur im Text vom Vortrag, sondern im Wechsel. Du entwirfst Folien und trägst sie vor. Dann merkst Du selbst meist schon, welche Stellen nicht gut sind. Diese schleifst Du. Dann wieder Passagen halten. Das macht richtig Spaß. Am Ende ist der Vortrag superschlank und Du bist fit im Vortragen.
- Halte den Vortrag vor Freunden, Mitbewohnern, der Familie oder einfach mit der Diktier-App. Am besten alles.
- Kläre vorab die Technik und teste sie.

Tipps zum Üben des Vortrags

Es ist noch kein Meister vom Himmel gefallen. Auch großartige Opernsänger üben stundenlang jeden Tag... Steve Jobs hat 3 Tage lang für Präsentationen geprobt...

Hier sind Tipps, die Dich zum Erfolg führen:

- Halte den Vortrag mindestens 10 Mal. 20 Mal ist noch besser.
- Halte Dich an das Zeitlimit. Stelle Deinen Timer.
- Sprich den Vortrag in eine Diktier-App auf dem Smartphone (Tipp: Dictate).
- Trainiere mit der PowerPoint-Datei wie im Vortrag, auch mit der Technik.
- Lade, wenn möglich Freunde ein, aber erst in den späteren Sitzungen.
- Übe so lange, bis Du keine Zettel mehr brauchst. Je freier Du im Vortrag sprichst, umso besser wird der Eindruck.
- Versuche menschliche Bemerkungen locker einzuflechten (Beispiele: ...die Datenerhebung war ein echtes Erlebnis..., Hätte nicht gedacht, dass...

Das Wichtigste auf einen Blick:

1. Die Präsentation während der Verteidigung ist NICHT die mündliche Darstellung des Textes. Sie ist eine eigenständige Leistung.
2. Entwirf, schleife, kürze, trainiere, überarbeite, schleife, kürze und wieder von vorn.
3. Arbeite die Hinweise der Betreuer zum Text ein.
4. Trainiere den Votrag mindestens 20-mal.

Mögliche „Mini"-Sprints (Änderungen, Ergänzungen):

Der Vortrag ist die sichtbare Krönung der Arbeit. Die Ausarbeitung ist voller Mini-Sprints.

Sprint 58. Halte den Vortrag

Warum?	Du willst die Betreuer „umhauen“.
Dein Ziel?	...ist eine tolle Präsentation.
Dauer	2 – 4 h

Tipps zum Halten des Vortrags im Kolloquium

Während des Vortrags musst Du auf einiges achten. So viel kann schiefgehen. Das ist auch der Grund, warum Üben so wichtig ist. Achte im Vortrag auf diese Punkte:

- Geh nicht in den Vortrag, ohne ihn mindestens 20 Mal gehalten zu haben. Am besten 20-mal frei!
- Wende den Teilnehmern nicht den Rücken zu.
- Lies nicht einfach die Folien vor. Du hast sowieso nicht so viel Text in den Folien, also macht das keinen Sinn.
- Du solltest am besten ohne Karteikarten vortragen. Übe das und es wird Dich im Leben weiterbringen.
- Mache keine langen Pausen beim Sprechen.
- Achte auf die Reaktionen der Zuhörer und agiere, wenn Du einen Aufhänger siehst, im Positiven vor allem.
- Bau wenn möglich auch witzige Wendungen ein. Lachen oder wenigstens Lächeln kommt immer gut an.
- Wenn Du nervös bist, dann sage es vorher.

Das Wichtigste auf einen Blick:

1. Die Präsentation ist DEINE finale SHOW. Gehe so heran.
2. Sei gut vorbereitet, mit vielen Trainingsrunden.

MEILENSTEIN 10:
Publiziert!
Du bist Frau Dr./Herr Dr.!

MEILENSTEIN 10:
Publiziert! Du bist Frau Dr./Herr Dr.!

Warum?	Du willst den Doktor-Titel.
Dein Ziel?	...ist ein Buch mit ISBN.
Dauer	10 h (ca. 1 Arbeitstag)

Sprint 59. Studiere die Publikationsvorgaben

Warum?	Du willst die Anforderungen kennen.
Dein Ziel?	... ist eine Liste der Anforderungen.
Dauer	2 h

Wen frage ich?

Die Verantwortlichen im Prüfungsamt wissen das. ABER: vorher hast Du in der Promotionsordnung nachgeschaut.

- Wie viele Exemplare muss ich drucken?
- Reichen auch Ebook-Downloads?

Muss ich überhaupt ein Buch drucken?

Bisher ja. Aber die minimale Anforderung ist: eine ISBN, 2 Belegexemplare für die Nationalbibliotheken in Leipzig und Frankfurt am Main.

Das Wichtigste auf einen Blick:

1. Wähle die minimale Variante.
2. Sonderwünsche kosten nur Geld.

Mögliche „Mini"-Sprints (Änderungen, Ergänzungen):

Achte auf die Angebote der Drucker. Da gibt es große Unterschiede.

Sprint 60. Finde einen Verlag und mach einen Deal

Warum?	Du willst ein gedrucktes Buch.
Dein Ziel?	...ist ein gedrucktes Buch.
Dauer	8 h

Welche Verlage kommen in Frage?

Viele Verlage bieten einen Publikations-Service an. Allerdings ist der Markt intransparent. Recherchiere im Internet.

Worauf muss ich bei einem Deal achten?

Zwei Aspekte sind wichtig:

1. Reputation des Verlags
2. Druckkostenzuschuss

Die Reputation sollte gut sein. Das ist bei den Wissenschaftsverlagen der Fall. Viele kleinere Anbieter sind eine reine Druckkosteneintreibungsmaschine.
Die Druckkosten fallen nur an, wenn Du wirklich in einem Verlag publizieren willst. Heutzutage geht das Publizieren auch im Selbstverlag. Du brauchst eine ISBN (die gibt es hier http://isbn-suche.net/isbn-beantragen/, sie kostet aktuell 90 EUR) und einen Print on Demand Service (gibt es viele). Du kannst 10 Exemplare schon unter 200 EUR bekommen. Das reicht für alle Publizitäts-Anforderungen und auch die Belegexemplare.

Kann ich mit meiner Dissertation überhaupt Geld verdienen?

Das kommt sehr auf den Titel an. Die meisten Titel schaffen es nur in Bibliotheken. Du solltest also lieber nicht mit größeren Einnahmen rechnen.
Wenn Du die Veröffentlichung im Selbstverlag machst, kannst Du über Ebook-Verkäufe mehr verdienen.

Macht der Verlag denn nicht Marketing für mein Buch?

Der Verlag nimmt den Titel in den Katalog auf. Damit ist das Buch auffindbar und bestellbar. Mehr passiert nicht. Verlage fokussieren lieber auf Bücher, von denen sie Hunderte verkaufen statt Spezialwerke, die vielleicht 5-mal gekauft werden.

Das Wichtigste auf einen Blick:

1. Sei wählerisch. Du hast eine gute Arbeit geschrieben.
2. Die Vermarktung ist Deine Aufgabe. Der Verlag bietet nur eine Plattform.

Mögliche „Mini"-Sprints (Änderungen, Ergänzungen):

Die Vermarktung Deiner Diss ist eine Daueraufgabe, wenn Du sie verbreitet sehen willst.

Anhang

Anschreiben an Betreuer für externe Doktoranden:

Betreff: Dissertationsthema zu Jahrgangsschokoladenvariation – Bitte um ein Gespräch

Sehr geehrter Herr Professor Schokomanti,

Sie sind Experte in der Veredlung von Schokolade und Lehrstuhlinhaber für Schokoladentechnologie in der Schokoladenhochschule. Daher schreibe ich Sie an.

Ich bin ebenfalls in der Schokoladenproduktion tätig und möchte in diesem Bereich meine Dissertation schreiben. Meine Erfahrungen liegen vor allem im Bereich des Conchierens und Veredelns von dunkler Schokolade und Jahrgangsschokolade.

Mein Themenansatz ist ein neuartiges Verfahren in der Herstellung von Jahrgangsschokolade. Mein Unternehmen hat das bereits verbreitete Schoka-Schako-Verfahren weiterentwickelt. In dieser Entwicklung war ich als Projektleiter involviert.

Im Fokus der Arbeit steht die Entwicklung eines Verfahrens zur Anpassung der Ingredenzien, um Markenbotschaften von Premiummarken verschiedener Branchen im Geschmack der Jahrgangsschokolade abzubilden. Dazu zählen auch Geschmackstests mit Konsumenten.

Aufgrund Ihrer ausgedehnten Erfahrung mit Jahrgangsschokolade und Veredlungsverfahren möchte ich Sie gerne als Betreuer meiner Dissertation. Wie ich Ihrer Webseite entnehmen kann, erwarten Sie von externen Doktoranden A und B und C. Diese Anforderungen erfülle ich.

Deshalb sende ich Ihnen im Anhang ein Kurzexposé zu meinem geplanten Forschungsprojekt. Bitte teilen Sie mir mit, ob Sie sich die Betreuung eines Themas über die Abbildung von Markenbotschaften in Jahrgangsschokolade grundsätzlich vorstellen können. Selbstverständlich bietet das Thema Spielraum in der Ausgestaltung. Diese würde ich gerne mit Ihnen gemeinsam ausloten.

In der Hoffnung auf ein persönliches Gespräch über beiderseitige Vorstellungen zum Thema verbleibe ich

mit freundlichen Grüßen!

Crazy Chocoman

Email: schoko@allesschoko.choc

Mobil: 0000-0000000

Meileinsteine und Sprints	Stunden/ Tage	Maximale Zeit in h
MEILENSTEIN 1: Ziel und Motiv sind klar!	**11 Tage**	**88**
Sprint 1: Warum promovieren? – Deine Ziele	15 - 20 h	20
Sprint 2: Worüber promovieren? – Dein Thema	15 - 20 h	20
Sprint 3: Bei wem promovieren? - Doktormutter/ Doktorvater	15 - 20 h	20
Sprint 4: Wie sieht eine Promotion aus? – Gliederung	4-6 h	6
Sprint 5: Womit promovieren? – Baumaterial – Studien und Daten	5-8 h	8
Sprint 6: Wie promovieren? - Masterplan für 200 Tage	4-6 h	6
Sprint 7: Kann und will ich wirklich promovieren? – Dein Deal	5-8 h	8
MEILENSTEIN 2: Thema und Frage sind gefunden!	**36,25Tage**	**290**
Sprint 8: Lege die Exposé-Datei an	1-2 h	2
Sprint 9: Formuliere ein Arbeitsthema	10-15 h	15
Sprint 10: Finde Definitionen und Modelle	30-40 h	40
Sprint 11: Erstelle eine Keyword-Wolke	5-8 h	8
Sprint 12: Finde 20 – 30 Papers	10 15 h	15
Sprint 13: Erstelle die Review-Matrix	40-60 h	60
Sprint 14: Werte die Matrix aus	40-60 h	60
Sprint 15: Entwirf ein Modell	15-20 h	20
Sprint 16: Definiere Deine Forschungslücke	10-15 h	15
Sprint 17: Formuliere Forschungsfragen und Detailfragen	10-15 h	15
Sprint 18: Präsentiere Thema und Forschungsansatz	15-20 h	20
Sprint 19: Schreibe den Kontext	15-20 h	20
MEILENSTEIN 3: Design und Exposé sind fertig!	**21,4 Tage**	**171**
Sprint 20: Wähle das Daten-Sample	20-25 h	25
Sprint 21: Wähle Methoden	20-25 h	25
Sprint 22: Mache eine Vorstudie	40-60 h	60
Sprint 23: Präsentiere das Forschungsdesign	10-15 h	15

Meileinsteine und Sprints	Stunden/ Tage	Maximale Zeit in h
Sprint 24: Erstelle die Gliederung	4-6 h	6
Sprint 25: Schreibe das Exposé	30-40 h	10
MEILENSTEIN 4: Kapitel Theorie, Forschungsstand und Modell sind fertig!	**16,625**	**133**
Sprint 26: Lege die Schreibdatei an	1 - 2 h	2
Sprint 27: Lerne die 5-Seiten-pro-Tag-Schreibtechnik	4-6 h	6
Sprint 28: Schreibe das Kapitel Theorie	40-60 h	60
Sprint 29: Schreibe das Kapitel Forschungsstand	30-40 h	40
Sprint 30: Schreibe das Kapitel Modell	20-25 h	25
MEILENSTEIN 5: Forschungsplan ist fertig!	**19,25**	**154**
Sprint 31: Formuliere Detailfragen und Hypothesen	10-15 h	15
Sprint 32: Entscheide über das Daten-Sample	5-8 h	8
Sprint 33: Entscheide über die Methodik	5-8 h	8
Sprint 34: Entwickle die Analyse-Tools	40-60 h	60
Sprint 35: Plane die Umsetzung	5-8 h	8
Sprint 36: Präsentiere den Forschungsplan	10-15 h	15
Sprint 37: Schreibe das Kapitel Forschungsdesign/Methodik	30-40 h	40
MEILENSTEIN 6: Daten sind gesammelt und analysiert!	**40,625**	**325**
Sprint 38: Sammle Daten und bereite sie auf	120-150 h	150
Sprint 39: Analysiere die Daten	120-150 h	150
Sprint 40: Ziehe Schlüsse und vollende DEIN Modell	20-25 h	25
MEILENSTEIN 7: Kapitel Ergebnisse ist fertig!	**12,25**	**98**
Sprint 41: Erstelle den Anhang	5-8 h	8
Sprint 42: Präsentiere die Ergebnisse	15-20 h	20
Sprint 43: Schreibe das Kapitel Ergebnisse	50-70 h	70
MEILENSTEIN 8: Dein Text ist fertig und gedruckt!	**32,875**	**263**
Sprint 44: Überarbeite die Kapitel Theorie, Review, Modell, Methodik	15-20 h	20

Meileinsteine und Sprints	Stunden/ Tage	Maximale Zeit in h
Sprint 45: Formuliere Thesen	10-15 h	15
Sprint 46: Schreibe das Kapitel Diskussion	30-40 h	40
Sprint 47: Schreibe das Kapitel Implikationen	15 - 20 h	20
Sprint 48: Schreibe das Kapitel Methodenkritik	8-10 h	10
Sprint 49: Schreibe das Kapitel Forschungsbedarf	8-10 h	10
Sprint 50: Überarbeite das Kapitel Ergebnisse	30-40 h	40
Sprint 51: Schreibe das Kapitel Fazit	15-20 h	20
Sprint 52: Schreibe das Abstract	5-8 h	8
Sprint 53: Überarbeite die Einleitung und formuliere finalen Titel	15-20 h	20
Sprint 54: Lasse Plagiatsanalyse, Lektorat und Korrektorat machen	30-40 h	40
Sprint 55: Formatiere, probedrucke, drucke	15-20 h	20
MEILENSTEIN 9: Verteidigung geschafft!	**8,5 Tage**	**68**
Sprint 56: Studiere das Vortrags-Template	2-4 h	4
Sprint 57: Entwirf den Vortrag, trainiere und schleife	40-60 h	60
Sprint 58: Halte den Vortrag	2-4 h	4
MEILENSTEIN 10: Publiziert! Du bist Frau Dr./Herr Dr.!	**1,25 Tage**	**10**
Sprint 59: Studiere die Publikationsvorgaben	2 h	2
Sprint 60: Finde einen Verlag und mach einen Deal	8 h	8
Gesamtzeit	**200 Tage**	**1600 h**

Notizen